Fische Fangen
Mit der Pose

Vincent Kluwe-Yorck

Stippe, Matchrute und Bolognastil

Grafiken: Vincent Kluwe-Yorck
Fotos: Vincent Kluwe-Yorck und Jürgen Jesgarszewsky
Layout und Produktion: MedienWerkstatt Dr. Kluwe, Berlin

Repro und Belichtung: MSP, Berlin
Satz: MedienWerkstatt Dr. Kluwe, Berlin
Druck: Druckhaus am Treptower Park, Berlin

Besonderer Dank für wertvolle Informationen
gilt den Freunden des Autors: *Martin Ball* in Romford,
Marco Beck in Berlin, *Daniele Bertoli* in Worms,
Geoff Bibby in Cambridgeshire und *Marco Wenzke* in Berlin.

Der Autor dankt sehr herzlich den Firmen
Balzer in Lauterbach, *Bruce & Walker* in Cambridgeshire,
Manfred Ehmanns in Lage und *Grebenstein* in Giesen
für ihre großzügige Unterstützung dieses Buches!

Special Thanks an die Freunde des Autors:
Dr. med. Elfie Sasse, Antonino La Spada und *Lutz & Jola Hübner,*
die mit hunderten Cappuccini, ungezählten Baumkuchen, diversen
köstlichen Speisen und medizinischer Pflege dem Autor geholfen haben,
zu überleben und die härteste aller Buchproduktionen zu überstehen!

ISBN 3-926 353-08-2

Verlagsanschrift:
Verlag MW, Kaiserswerther Str. 2, 14195 Berlin-Dahlem
Telefon: 030-831 19 72 / Telefax: 030-831 18 09

© Copyright 1994   MedienWerkstatt Dr. Kluwe

Das Werk ist urheberrechtlich geschützt - die Reproduktion ist nicht zulässig.
Der Nachdruck einzelner Auszüge ist *nach Absprache mit dem Verlag* erlaubt!

Inhalt

Faszination des Posenfischens 6

Teil 1: Posentheorie
Bestandteile und Wirkungsgrad der Wettkampfposen 10
Die Wettkampfposen 13
Zur Wahl der richtigen Form und Größe 19
Die Familie der Sticks 22
Die Familie der Waggler 32
Bebleiungssysteme 42
Auswiegen der Posen 48
Anbringung der Pose auf der Schnur 51

Teil 2: Posenpraxis
Stippen in der Strömung 54
... und im Stillwasser 59
Die Matchrute an kleinen Fließgewässern 60
Mit der Matchrute am See 67
Bolognastil in deutschen Flüssen 70
Nachtangeln mit Pose 78
Mit der Laufpose 80
Mit aufgelegtem Blei 83
Big Wagg - der vorgebleite Weitwurfwaggler 86

Teil 3: Köder, Futter und Fütterhilfen
Köder 91
Futter und Futterstrategien 99
Fütterhilfen 109

Anhang: Geräte
Ruten 112
Rollen 127
Schnüre und Haken 135
Blei: Torpillen und Schrot 145
Spezielles Zubehör 147
Zum Abschluß 151
Buchinformationen 152

Grußwort für meine Leser

Einige von Euch sind als Leser nun schon einen langen Weg mit mir zusammen gegangen, seit mein erstes Buch *"fishing english - englisch fischen"* im Jahr 1988 erschienen ist. Und die Entwicklung der Methoden und Geräte ist seitdem nicht stehengeblieben. So hat die bei uns früher nur Spezialisten bekannte Bolognamethode inzwischen viele Anhänger gefunden - nicht zuletzt, seit die Italiener mit dieser Methode eine Weltmeisterschaft gewannen und ich hoffe natürlich, daß der eine oder andere Leser auch durch meine verschiedenen Zeitungsberichte über den Bolognastil auf den italienischen Geschmack gekommen ist!

Das Stippen mit den ultralangen Kopfruten ist zwar seit weitgehender Aufgabe des Wettangelns in Deutschland stark rückläufig. Aber dafür sehen wir eine wachsende Schar mit den handlicheren und vielseitigen Matchruten am Wasser und ich vermute, daß die Zahl der Angler, die unverdrossen mit Posen fischen, trotz des Trends zu den modernen Grundangelmethoden insgesamt gleich hoch geblieben ist. Der Reiz des kleinen Schwimmers auf der Wasseroberfläche ist einfach zu verführerisch, um ihm nicht immer wieder mit Lust zu erliegen!

Etliche Leser haben, wie die vielen Anfragen beweisen, schon seit Jahren auf die Fortsetzung meines ersten Buches gewartet und ich kann mich nur entschuldigen, daß es so lange damit gedauert hat. Aber es erfordert eine mehrjährige Anstrengung, genügend Material für ein Buch zusammenzutragen und, wie Ihr jetzt seht, ist es ja nicht nur ein Buch, sondern eine kleine Serie geworden! Ich wünsche mir natürlich, daß Euch das späte Ergebnis meiner Bemühungen gefällt und es Euch am Wasser hilft, das eine oder andere Fischchen zu überlisten.

All meinen langjährigen Lesern, die das Grußwort in meinem neuen Buch *"Fische Fangen: Mit dem Bodenblei"* noch nicht gelesen haben, möchte ich auch hier noch einmal herzlich danken für die zahlreichen Ermutigungen und Anregungen, die man so dringend braucht, um durchzuhalten!

Bleibt mir nur, Euch von ganzem Herzen viel Spaß beim Lesen zu wünschen.

Als letztes eine Bitte: wenn Euch dieses Buch gefällt - erzählt allen Euren Freunden davon und empfehlt es ihnen. Ihr helft mir und auch ihnen damit!

Euer
Vincent Kluwe-Yorck

Faszination des Posenfischens

Fast jeder Angler hat seine Karriere mit der Pose begonnen und ihr meist farbenfroher Reiz begleitet viele von uns das ganze Leben. Was könnte den Blick mehr fesseln als eine Pose, während sie einem Unterstand zutreibt, in dem wir gute Beute vermuten? Wenn unser Herz schneller schlägt, während ihre Antenne mit kleinsten Bewegungen signalisiert, daß sich der Fisch für unseren Köder interessiert? Wenn die Signale so deutlich werden, daß wir bereits zu erkennen glauben, was für ein Fisch jeden Moment seine Lippen um unseren Köder schließen wird?
Was für ein Unterschied zu dem Köder, den wir mit der Grundrute einwerfen und dann ruhen lassen, bis der Fisch ihn findet und wir mit Spannung harren, ob er ihn akzeptiert.
Während uns die Grundrute zu abwartender Geduld erzieht, hält uns die treibende Pose in stetiger Bewegung. Wir werfen sie aus und führen sie kontrolliert über unsere Futterstelle, während wir ständig mit der Tiefeneinstellung und der Anordnung unserer Bleischrote experimentieren, bis das Verhalten des Köders am Gewässergrund den Erwartungen der Fische entspricht und sie willig nach unseren Köderangeboten schnappen.
Auch sind der Pose schwer zugängliche Stellen erreichbar, die wir mit der Grundrute kaum anwerfen können - denken wir an überhängende Äste, unter denen sich gerade kapitale Exemplare gern verbergen oder die Kanten von Seerosenfeldern, in deren unmittelbarer Nähe wir die Pose vorübertreiben lassen und ihren Lauf beliebig verzögern, falls unser Standort und die Entfernung es erlauben.
Natürlich, die Reichweite der Pose ist gegenüber der Grundrute eingeschränkt. Aber Hand aufs Herz - wer außer den Karpfenanglern mißt seinen Erfolg daran, ob seine Rute in der Lage ist, eine Bleibombe über die Horizontlinie zu werfen? Die meisten Fischarten suchen ihr Futter in Ufernähe und in der Uferzone angeln wir deshalb besonders erfolgreich. In Seen und Kiesgruben werden wir die größeren Fische tagsüber allerdings eher in sicherem Abstand vom Ufer suchen müssen, wobei sich die notwendige Entfernung auch hier noch oft genug mit der Pose meistern läßt!
Ist das Gewässer nicht allzu breit, sind wir ohne weiteres in der Lage, auch dies als Vorteil zu nutzen, indem wir die Pose über eine Futterstelle vor dem gegenüberliegenden Ufer treiben lassen - natürlich nicht mit einer so langen Drift wie an unserem Ufer, da die Montage durch das Gewicht der Schnur schneller aus der Bahn gezogen wird.

Ich gestehe, daß mich auch die Geräte faszinieren, mit denen wir heute unsere Beute bejagen können. Unvorstellbar der weite Weg in dieser unfaßbar kurzen Entwicklungszeit von kaum 30 Jahren vom Bambusstecken mit angebundener Schnur bis zur hochmodulierten Kohlefaser-Hochleistungsrute mit Präzisionsrolle und ihrer unglaublichen Wurfleistung!
Neue Erkenntnisse in Wissenschaft und Technik haben die moderne Angelei rasant verändert. Die letzten dreißig Jahre haben uns mit den neuen Industriematerialien Glas- und Kohlefaser, Kevlar und Boron verfeinerte, zuverlässige und leichtere Ruten mit ausgefeilter Aktion gebracht.
Früher, vor der durchgreifenden Kommerzialisierung aller Lebensbereiche, war das Angebot an fertigen Angelgeräten klein und überschaubar und der Angler hat sich seinen Federkiel oder Korkproppen selbst geschnitzt. Sein Maß an persönlicher Erfahrung hat ihm dabei die Hand geführt und theoretisches Wissen aus dem Bereich von Wissenschaft und Forschung dürfte kaum eine Rolle gespielt haben - der Entwicklungsstand der Technik war insgesamt auf einer deutlich niedrigeren Stufe.
Unser Hobby ist über die Jahre erheblich anspruchsvoller geworden. Eine schier unglaubliche Gerätevielfalt für die Spezialisierung auf komplizierte Methoden oder einzelne Fischarten - mit der Produktionskraft einer inzwischen riesigen Freizeitindustrie dahinter - deckt einerseits unseren Bedarf und macht uns andererseits die Auswahl schwer. Denken wir nur an das fantastische Angebot an schönsten Posen, denen kaum jemand widerstehen kann, der das Herz auf dem rechten Fleck trägt, während der Angler noch vor 30 Jahren die meisten Schwimmer selbst basteln mußte!
Natürlich ist kein Mensch mehr in der Lage, die Vielzahl der Angelgeräte und Methoden mit allen Feinheiten im Blick zu behalten. Aber selbst für den Spezialisten, der sich nur für eine Methode oder eine einzige Fischart interessiert, ist das Leben schwerer geworden. High Tech hat unser Hobby komplizierter gemacht und die Methoden wurden so raffiniert, daß sie ohne durch Lesen oder durch gute Schulung erworbenes theoretisches Wissen kaum noch zu meistern sind. Die Wahrheit dieser Behauptung bestätigt sich sofort an jedem beliebigen Gewässer, wenn wir den Nicht-Erfolg eines uninformierten „Sonntagsanglers", der sich gerade mit einem der neuen Geräte plagt, mit dem Erfolg des informierten Spezialisten vergleichen!
Das aktuelle Wissen auf dem Gebiet des Posenfischens so gut es geht in verdaubare Brocken aufzuteilen und zu vermitteln - darin liegt die Bemühung dieses Buches und ich wäre glücklich, wenn es mir gelänge, diesem hohen Anspruch wenigstens ein brauchbares Stück weit gerecht zu werden!

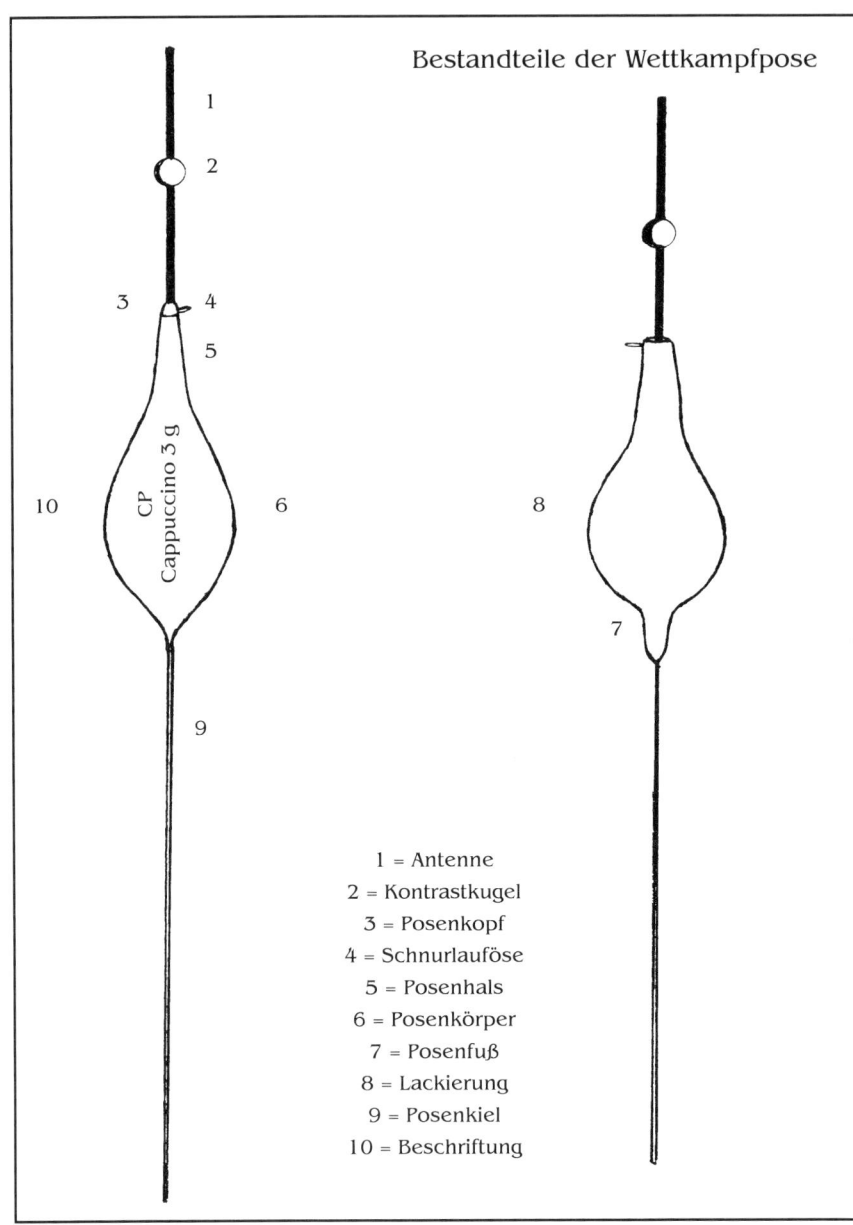

# Teil 1: Posentheorie

Bestandteile und Wirkungsgrad der Pose

Es ist nützlich, wenn wir die Bestandteile einer Pose kennen und wissen, worauf es ankommt, um jede Pose in ihrer Güte richtig zu beurteilen.

Bestandteile der Wettkampfpose:
1. *Antenne:* Viele Posen besitzen eingesetzte, dünne Nylonantennen, die fast ohne Tragkraft sind und die Pose beim Biß äußerst feinfühlig machen. Balsa-Antennen sind etwas kräftiger und besitzen hohen Auftrieb, der für einige Methoden wichtig ist wie beim Schleifen des Köders über Grund mit dem Bolognatropfen. Antennen aus Draht für das feinste Stippen besitzen keine Tragkraft, sondern sinken durch ihr höheres Gewicht. Es ist nahezu unmöglich, eine Pose bis zum Ansatz der Drahtantenne auszubleien, ohne sie sinken zu lassen. Bei ständigem Verzögern, bzw. ständigem Halten bleibt sie oben und signalisiert schon, wenn ein Fisch nur am Köder riecht.
Um auf verschiedene Lichtverhältnisse reagieren zu können, werden gute Posenserien mit verschiedenfarbigen Antennen angeboten. Vorteilhaft, wenn die Antenne für einen Wechsel der Farbe nur gesteckt ist, um bei veränderten Lichtverhältnissen nicht die ganze Montage umbauen zu müssen.
Die Hauptfarben: Leuchtorange als Standardfarbe bei hellem, klarem Tageslicht. Leuchtgelb bei dunkler Wolkendecke und bei wechselnden Spiegelungen auf dem Wasser wie z.B. von Himmelsgrau zu Baumschwarz. Schwarz bei Gegenlicht und reflektierenden Rippelwellen.
2. *Kontrastkugel:* Bei einigen Posenmodellen als Sichthilfe auf größere Entfernung und bei Wellen. Meist auf der Antennenspitze sitzend, manchmal auch verschiebbar in der Mitte angebracht. Die festen Kugeln auf der Spitze tragen die gleiche Farbe wie die Antenne. Bewegliche Kugeln erlauben durch Austausch einen Wechsel der Farbe. Es ist in der Dämmerung günstig, wenn die Kugel beweglich ist und Wechselfarben vorhanden sind: bei der Kombination Schwarz - Orange - Schwarz auf einer Antenne beliebiger Farbe verstärken die beiden schwarzen Kugeln die Leuchtkraft des Orange!
3. *Posenkopf:* Gemeint ist die Übergangszone zwischen Pose und Antenne, die spitz zulaufend, rund oder gerade geschnitten sein kann. Ein spitzer Posenkopf erleichtert das Durchdringen der Wasseroberfläche im Auf und Ab der Wellen, ohne die Pose dabei taumeln zu lassen. Eine geschnittene Fläche hilft in glattem Wasser, indem sie durch Haften an der Oberflächenspannung des Wassers den Lauf der Pose zusätzlich stabilisiert. Wenn das Wasser nicht glatt ist und bei bei Verzögerung die Pose immer wieder ange-

hoben wird, ist eine geschnittene Pose nicht sinnvoll - hier kommt eine Pose mit spitz zulaufendem Posenkopf zum Einsatz.

4. *Schnurlauföse:* Bei guten Posen aus Nirosta-Edelstahl gefertigt und zugfest verklebt. Sitzt bei den meisten Posen direkt am oder knapp unter dem Posenkopf. Eine hochsitzende Öse sorgt bei Strömungsposen dafür, daß sie bei Verzögerung nicht allzu hoch steigen. Bei Stillwasserposen kann die Öse tief (am Posenhals) eingesetzt sein, damit sie sich bei Zug an der Schnur heben und dem Köder damit Lebendigkeit verleihen.

5. *Posenhals:* Bei kompakten Formen wie Kugel und Olive und bei umgekehrten Tropfen nicht vorhanden. Bei Posen für das Stillwasser und für schwache Strömung fein und lang. Je stärker die Strömung, desto kürzer und kompakter der Hals. Der Posenhals erfüllt zwei Aufgaben: Er erleichtert in den Wellen das Auf und Ab der Pose und erfordert weniger Bewegung am Blei, je feiner er ist, um einen Biß sichtbar zu machen. Ein Hals macht die Pose folglich sensibler in der Bißanzeige, da sie schon beim Anheben einer kleinen Menge Schrot steigt. Bei sehr kompakten Posen nicht sinnvoll, da in der starken Strömung, für die sie gedacht sind, solche feinen Bisse kaum vorkommen. Der Fisch stülpt entweder sein Mäulchen über den treibenden Köder und läßt die Pose tauchen. Oder er hebt den ruhig liegenden Köder an der gehaltenen Pose auf und hebt das Blei, das nötig ist, ihn am Grund zu halten, und hebt damit die ganze Pose.

6. *Posenkörper:* Besteht bei guten Posen aus Balsaholz der besten Qualität, kann aber auch, wenn rauhe Bedingungen stabilere Posen erfordern, aus Rohazell-Schaum gefertigt sein. Die Güte ist entscheidend: je besser in der Qualität und trockener durch ausreichende Lagerung es ist, desto höher ist die Tragkraft des Materials und desto kleiner darf die Pose sein, um eine bestimmte Menge Blei zu tragen. Je kleiner die Pose ist, desto geringer ihr Strömungswiderstand und desto geringer ihre Masseträgheit - also desto weniger Kraft muß der Fisch aufbringen, um die Funktionsheit Pose-Blei über die Schnur in Bewegung zu setzen.

Wichtig ist, daß Körper wie auch Hals exakt drehrund gearbeitet sind, um sie sauber und taumelfrei laufen zu lassen. Der Körper liefert die Haupttragkraft jeder Pose. Er ist äußerst schlank für Stillwasserposen und wird kompakter, je stärker die Strömung. Sitzt der dickere Teil des Körpers unten, wie bei der klassischen Tropfenform, bedeutet das einen tiefliegenden Schwerpunkt. Damit wird der höchstmögliche Grad an Laufstabilität erreicht, besonders auch bei Verzögerung - und eine deutliche Bißanzeige, da sich bei einem Biß die Pose tiefer, bzw. höher bewegt, je feiner der Hals.

7. *Posenfuß:* Manche älteren Posen besitzen unterhalb des Körpers einen kleinen Fortsatz, dessen Funktion zweifelhaft ist. Heute weiß man, daß die komplizierten Posenformen der siebziger Jahre nicht nötig sind und kehrt zu möglichst einfachen Formen zurück, die sich ausgezeichnet bewähren.

8. *Lackierung:* Schützt das Holz vor Beschädigung und vor eindringendem Wasser. Es ist von Vorteil, wenn die Lackschicht so dünn wie möglich und dennoch hart ist, denn Lack ist schwer und eine dicke Schicht nimmt der Pose einen unnötig hohen Teil ihrer Tragkraft.

9. *Posenkiel:* Dient der Stabilisierung der Pose - sowohl im Stillwasser als auch beim Treiben in der Strömung. Die üblichen Materialien sind Holz, Bambus, Fiberglas, Carbon und Edelstahl. Holz schwimmt, gibt also zusätzliche Tragkraft. Für das Stillwasser gut, da er hilft, den Posenkörper zu verkleinern und dennoch die Pose stabilisiert. Bambus ist fast neutral mit einer Tendenz zum Sinken. Fiberglas sinkt deutlich durch größeres Gewicht. Edelstahl und Carbon sind schwer und stellen ein wirksames Gegengewicht zum Posenkörper dar. Je schwerer der Kiel, desto stärker stabilisiert er in der Strömung - sowohl in ihrem Lauf (er verhindert Scheinbisse und taumelnde Bewegung), als auch beim Halten (ein schwerer Kiel hält die Pose senkrecht und verhindert, daß sie sich bei Verzögerung flach auf das Wasser legt).

10. *Beschriftung:* Meist Hersteller und Tragkraft, manchmal auch Name der Posenserie. Der Tragkraftangabe kann man häufig nicht trauen - es empfiehlt sich also, sie zu überprüfen und gegebenenfalls mit wasserfestem Filzstift auf der Pose zu korrigieren (siehe Kapitel "Auswiegen der Posen").

Wirkungsgrad der Posen:

Der Wirkungsgrad ist ein Rechenwert, der ziemlich gut die Qualität einer Pose widerspiegelt. Er setzt das Eigengewicht der Pose und ihre Tragkraft in Beziehung und je höher der Wert, desto besser ist die Qualität.

Mit Wirkungsgrad ist gemeint, wie groß eine Pose sein muß, um ein bestimmtes Gewicht zu tragen. Es wurde bereits erwähnt, daß es günstig ist, wenn der Wirkungsgrad so hoch wie möglich ausfällt. Zuviel Lack und ein unnötig langer Kiel erhöhen das Gewicht der Pose und nehmen ihr damit einen Teil ihrer Tragkraft, also ihres Wirkungsgrades. Da die exakte Tragkraft aller Posen ohnehin ermittelt werden muß, ist die Berechnung äußerst einfach. Allerdings ist es nötig, nicht nur die Schrote, sondern auch die Posen auf der Apothekerwaage zu wiegen!

Die Formel: Wirkungsgrad = Tragkraft geteilt durch Eigengewicht der Pose. Als Beispiel: Tragkraft 3.5 g : Eigengewicht 1 g = Wirkungsgrad **3.5**

Die Wettkampfposen

Bei den *Wettkampfposen* unterscheiden wir zwei grundsätzliche Formen:
1. längliche Form - Extremfall: *Stab* - 2. kompakte Form - Extremfall: *Kugel*.
An den Extremfällen lassen sich besonders deutlich die Prinzipien und die verschiedenen Kräfte und Einflüsse darstellen, die auf die Pose einwirken.
Alle Formen ordnen sich stufenweise in zwei Linien zwischen diesen beiden Extremen ein: die Reihe der Posen mit einer Verdickung im oberen Bereich, also umgekehrte Tropfenform und die Reihe der Posen mit einer Verdickung im unteren Bereich, also die klassische Tropfenform.
Damit sind alle Möglichkeiten von der leichtesten Stillwasserpose für ein Gewässer ohne Wind bis zu der kompaktesten Strömungspose abgedeckt.
Die Stabpose besitzt den längsten Körper und den dünnsten Umfang. Von Stufe zu Stufe passen sich die Modelle der zunehmenden Strömung an. Dabei werden sie immer kürzer und nehmen an Umfang zu.
Die *Stabpose* taucht sehr leicht, da sie aufgrund ihres geringen Umfangs dem Wasser kaum Widerstand bietet. Das bedeutet, auch durch einen zaghaften Biß wird sie bewegt und zeigt deutlich die Berührung, ohne dem Fisch Widerstand zu bieten - für das Stillwasser günstig, da hier die Fische besonders vorsichtig beißen! Dafür wäre sie durch ihre Länge besonders stark dem Strömungsdruck ausgesetzt und würde daher instabil und unsicher in der Strömung laufen - für das Fließwasser ist sie folglich nicht geeignet. Bebleit wird sie mit einer lang verteilten Anordnung der Schrote, die den Köder langsam sinken und den Köder über Grund schweben läßt.
Die *Kugelform* fordert erheblich mehr Kraft, um sich unter Wasser ziehen zu lassen - sie sinkt schwerer, da sie mit der großen Fläche an ihrer Unterseite viel Wasser verdrängen muß, um sinken zu können - für feinste Bisse ist sie also nicht geeignet! Dafür läuft sie auch in starker Strömung sehr stabil, wo es auf die feinste Bißanzeige nicht so sehr ankommt. Eingesetzt wird sie nur an der Kopfrute mit verkürzter Schnur, um den Köder beim Fischen auf Brassen in tiefem Wasser und bei extremer Strömung schnell hinunter zu bringen und dort zu halten. Bebleit wird sie kompakt - eine Torpille zur Auslastung der Gesamttragkraft reicht aus.
Die *umgekehrte Tropfenform* mit obenliegendem Körperschwerpunkt eignet sich generell für das Fischen in der Strömung. Durch den hohen Schwerpunkt läßt sie sich nicht gut verzögern oder halten - sie steigt dabei zu hoch und beginnt, in der Strömung zu taumeln. Bei Verzögerung in Wellen, denen sie mit ihrer breiten Form besonders ausgesetzt ist, wird sie unkontrollierbar.

Eine plumpe Form tanzt auf den Wellen haltlos auf und ab und läßt den Köder unnatürlich ruckend springen - ein Verhalten, das die Fische nicht ausgesprochen zum Anbeißen reizt! Und es steigt gerade der Teil mit der höchsten Tragkraft aus dem Wasser, wodurch der Fisch besonders viel Kraft aufbringen muß, um die Pose sinken zu lassen.

Ihre Eignung liegt in der Technik des Nachschleifens, bei der Vorfach und einige Schrote von der stabilen Form der Pose über Grund geschleppt werden, ohne sie abtauchen zu lassen. Sie erlaubt, durch Verringern der Schrotmenge unterbleit zu werden und damit ihren Überschuß an Tragfähigkeit zu erhöhen. Im freien, ungeführten Treiben widersteht sie Wind und Wellen und läuft ruhig und stabil. Der umgekehrte Tropfen ist die Pose, um Köder und Schrote nachschleifen zu lassen und um große Köder bei ungeführter Pose frei mit der Strömung abtreiben zu lassen.

Die *Tropfenform* mit ihrem tiefliegenden Schwerpunkt läuft in der Strömung ideal. Bei Verzögerung steigt nur ein geringer Teil ihres stark verjüngten Posenhalses aus dem Wasser - der dickere Körper wird von der Strömung vorwärtsgeschoben. Sobald sie beginnt, zu schaukeln, läßt man sie wieder laufen. Den Köder hält sie dabei ruhig am Grund. Dem Einfluß von Wind, Wellen und Oberflächendrift setzt sie nur den kleinsten Teil ihres Körpers aus - die feine Spitze des Halses.

Je stärker sie gehalten werden soll, desto stärker darf man sie überbleien - ungehalten sackt sie zwar sofort ab, aber bei Zug sorgt das übergewichtige Blei dafür, daß sie nur wenig steigt. Nur wenig Blei muß bewegt werden, um die Pose steigen oder sinken zu lassen - damit zeigt sie Bisse entschieden deutlicher an. Der Tropfen ist die Pose für verzögerte bis stark gehaltene Führung in der Strömung und bei Wind und Wellen auch für Seen.

Einige kompakte Posen besitzen über ihrem Körper einen verjüngenden Sensibilisierungshals, der gleich mehrere Vorteile bietet. Er macht Hebebisse deutlicher sichtbar, da er höher steigt, wenn das untere Blei bewegt wird. Das unterste Schrot darf daher kleiner sein und die Montage wird sensibler. Bei Zug wird der Biß deutlicher, da sich die Pose wegen der geringeren Tragkraft im oberen Bereich entsprechend tiefer senkt.

Kompakte Posen mit obenliegendem Schwerpunkt werden mit einem Hals führbar: Bei Verzögerung in der Strömung steigt nicht der dicke Körper aus dem Wasser, sondern nur der kleine Hals. So wird das Taumeln vermieden und ein Biß wird deutlicher sichtbar. Dabei drückt das Wasser gegen die breiten "Schultern" des unter der Oberfläche liegenden Posenkörpers und hilft, sie zusätzlich zu stabilisieren und im Wasser zu halten. Bei Kugelposen ist ein Hals allerdings wenig sinnvoll, da es bei dieser plumpen Form kaum etwas zu sensibilisieren gibt - sie ist das Modell fürs Grobe und kommt nur in Extremfällen zum Einsatz, wo Sensibilität kaum gefragt sein dürfte.

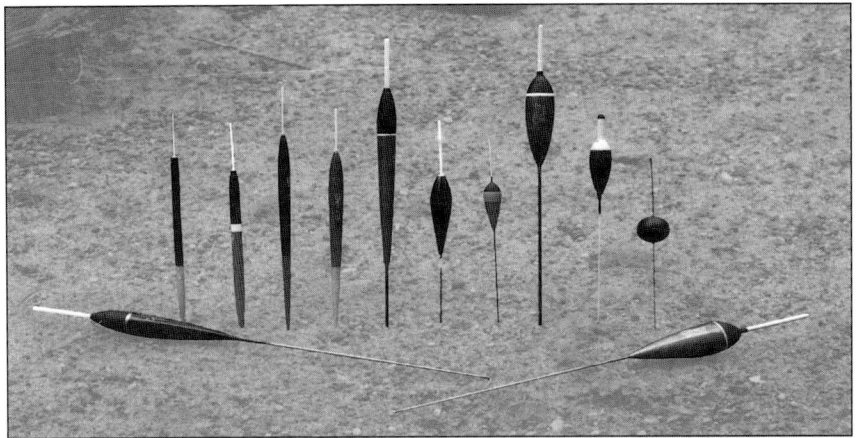

Posen mit umgekehrter Tropfenform zwischen Stabform und Kugel

Die obere Linie - Körperschwerpunkt oben / umgekehrter Tropfen:
1. Die erste Stufe nach der parallelen Stabform zeigt eine gleichmäßig anschwellende, leichte Verdickung über die ganze Länge des Posenkörpers. Die Spitzen an beiden Enden des Körpers lassen sie bei Bissen auch ohne starke Bewegung am Blei deutlich tauchen oder steigen. Je ausgeprägter die Verdickung bei den verschiedenen Modellen ist, desto höher die Tragkraft bei gleicher Länge und desto stabiler ihr Stand. Die Bebleiung ohne Torpille ist über einen weiten Bereich der Schnur verteilt. Köder und Vorfach dürfen auch durch übertiefe Einstellung der Pose auf Grund gelegt werden.
2. Eine Sonderform der Stabpose zeigt eine ausgeprägte Verdickung über dem Kiel. Sie setzt ihren tiefen Schwerpunkt bei der Verzögerung als Gegengewicht ein und läßt sich in leichter Strömung gut führen.
Bei Wind stromauf greift er bei hochgehaltener Rute in die Schnur und läßt die Montage verzögert laufen: Rute hoch - Pose stoppt und Köder hebt sich. Rute runter - Pose läuft und Köder senkt sich. Eine Methode, um dem Köder lebendigen Reiz zu geben. Eine Torpille über den nicht allzuweit verteilten Schroten bietet das nötige Gegengewicht. Wellen lassen sie im Rhythmus steigen und sinken. Wird der Rhythmus unterbrochen, schlagen wir an! (Siehe auch *Stable Stick!*).

3. Die nächste Stufe zeigt eine deutlicher ausgeprägte Verdickung im oberen Teil des Körpers. Eignung für stehende und schwach fließende Gewässer. Oben spitz bei Wellen und Drift, mit geschnittener Oberkante am kleinen Sensibilisierungshals gut für das Zurückhalten bei glatter Oberfläche. Auch leichte Unterströmung möglich, der sie eine etwas erhöhte Standfestigkeit und Haftung an der Oberfläche entgegensetzt - besonders, wenn die im unteren Drittel der Schnur verteilte Bebleiung ohne Torpille der stärksten Drift entzogen ist und durch übertiefe Einstellung ein bis zwei Schrote auf Grund gelegt werden. Leicht zurückgehalten steigt sie und gibt dem Köder durch Heben und Senken lebendiges Spiel.
4. Bei der nächsten Stufe können wir bereits von einer umgekehrten Tropfenform sprechen, die sich für gleichmäßige Strömung eignet. Die dünne Antenne ohne eigene Tragkraft zeigt, daß sie nur wenig Schrot über Grund schleifen darf, um nicht abzutauchen.
5. Diese Pose in Rautenform läßt sich in der Strömung gut halten - die Strömung drückt auf die breite, unter Wasser liegende Form und hält sie unter Wasser. Der kompakte Hals setzt einem Biß weniger Auftrieb entgegen - in Verbindung mit der feinen Spitze am unteren Ende taucht sie bei Bissen widerstandslos ein. Eine Pose, die Bisse sehr gut sichtbar macht.
6. Diese ausgeprägte, umgekehrte Tropfenform mit starker Antenne ist die Standardpose für die klassische Bologna-.Methode. Auch in unruhigem Wasser sorgt ihr hoher Schwerpunkt dafür, daß die Pose an der Oberfläche bleibt und von der harten Strömung geführt, den Köder durch das Flußbett trägt. Die Antenne verhindert mit ihrer Tragkraft, daß die Pose untergeht, wenn einige Schrote auf dem Grund nachschleifen. Je stärker die Strömung, desto kompakter sollte der Bologna-Tropfen sein.
7. Der kompakte, umgekehrte Tropfen mit kleinem Hals bietet in härtester Strömung den Vorteil der etwas verfeinerten Bißanzeige und der höheren Sensibilität durch geringeren Widerstand. Er schleppt zwar wegen seiner verringerten Tragkraft - feine Antenne und schmaler Hals - nicht soviel Blei über Grund, läßt sich aber beim freien Treibenlassen gut von Zeit zu Zeit verzögern - nur der Hals steigt dabei aus dem Wasser.
8. Am Ende der oberen Linie steht die kompakte Olive. Ähnlich wie die Kugel eine Pose für den Stipper bei extremer Strömung. An der verkürzten Schnur bringt sie den Köder schnell hinab zur Futterspur und läßt sich hart halten. Bei starker Verzögerung läuft sie ruhig und bietet bei Bissen nicht ganz soviel Widerstand wie die kompakte Kugel, ist also im oberen Teil ihres massiven Körpers etwas sensibler.

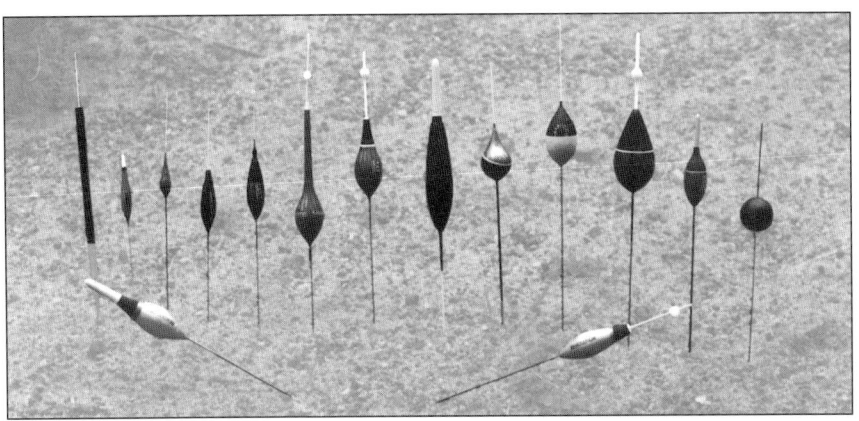

Posen mit Tropfenform zwischen Stab und Kugel, vorn:Revolution I + II

Die untere Linie - Körperschwerpunkt unten / Tropfenform:
1. Das erste Modell der unteren Linie zeigt bereits eine ausgeprägte Tropfenform. (Im leichten Bereich der schlanken Formen für das Stillwasser werden neben den schlanken Stabformen hauptsächlich Posen eingesetzt, deren Verdickung oben liegt, um ihnen etwas mehr Standfestigkeit zu geben). Der schlanke Tropfen ist sowohl geschnitten, als auch spitz zulaufend durch seine höhere Tragkraft im unteren Bereich eine vielseitig einsatzbare Universalpose für leichte Strömung, aber auch für etwas weitere Distanz im See. Sein schlanker, langgezogener Hals bietet dem Wind kein Profil und Wellen gleiten ungehindert auf und ab. Die Pose läßt sich hervorragend führen und verzögern - mit einiger Übung fängt sie förmlich an zu sprechen.
2. Die mittelkräftigen Tropfenformen erlauben den Einsatz in mittlerer, gleichmäßig laufender Strömung ohne starke Turbulenzen. Ihre bereits deutlich ausgeprägte Form läßt sich gut verzögern - besonders, wenn eine kompakte Bebleiung für das nötige Gegengewicht sorgt.
3. Die sehr kompakten Tropfen laufen auch in kräftiger Strömung ruhig, wie sie die Oberläufe vieler deutscher Flüsse bieten. Hier geht es meist nur darum, den Köder unter der kompakten Bebleiung rasch zum Grund zu befördern und zu verhindern, daß er bei der Verzögerung zu hoch gedrückt wird. Und die schwere Bebleiung soll ausreichen, den Köder auch bei Verzögerung unten zu halten, ohne die Pose wesentlich tiefer als Gewässertiefe einstellen zu müssen. Ist das Blei zu leicht, muß die Pose extrem übertief gestellt werden - mit dem Nebeneffekt, daß ein großer Teil der Montage

auf Grund liegt, sobald die Pose wieder losgelassen wird, und der Köder dabei zu Boden sinkt. Dies würde dazu führen, daß die Pose unter Wasser gezogen würde, da sie mit ihrem tiefliegenden Schwerpunkt nicht in der Lage ist, Schrot und Köder über Grund nachzuschleppen. Wird die Pose bei der Verzögerung von zu starker Strömung hochgedrückt, überbleien wir sie mit 1 oder 2 g. Beim Laufenlassen wird das Abtauchen der nun zu leichten Pose verhindert, indem sie über die straffe Schnur an der hochgehaltenen langen Bologna-Rute ständig über Wasser gehalten wird und die Rutenspitze dem Lauf der Pose folgt.

Sonderformen:
1. *Laufposen* werden mit zwei Ösen in beiden Grundformen angeboten. Ihre Funktion ist im Absatz "Sliders" bei den Sticks ausführlich beschrieben!
2. Die beiden Modelle *Revolution I und II* von Flotex sind eine Neuheit der italienischen Posenproduktion, die durch die Erfahrungen der Italiener bei den Weltmeisterschaften im Kopf-an-Kopf-Rennen mit den Engländern inspiriert sein mag. Sie stellen die vorgebleiten, "englischen" Ausgaben der Bolognese-Posen dar. Der superschwere Kiel dieser Posen gibt ihnen einen äußerst sicheren und stabilen Stand in der Strömung. Bei aktiver Führung bieten sie das Gegengewicht, von dem sie senkrecht gehalten werden: obwohl sie nur wenig zusätzliches Schrot als Gegengewicht tragen, legen sie sich auch bei etwas kräftigerer Strömung nicht flach auf das Wasser.
Ihre geringe zusätzliche Tragkraft erfordert nur wenige, kleine Schrote auf der Schnur - eine Torpille ist nicht nötig: Posen für flache Flüsse, um den Köder vorsichtigen Fischen besonders sensibel anzubieten! Die dünne Antenne der Revolution I macht zarte Bisse bei verzögerter Führung deutlich - die massive Spitze der Revolution II schleppt große Köder und kleine, aufgelegte Schrote über Grund. Wird sie gehalten, treibt das Blei mit Vorfach und Köder wieder voraus, da auch schwächere Strömung in der Lage ist, die leichte Montage vorwärts zu treiben.

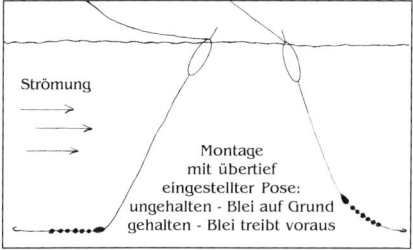

Zur Wahl der richtigen Form und Größe

Die beiden Extremfälle wurden bereits genannt: Stabpose für das Stillwasser und die kompakteste Form für die stärkste Strömung. Aber wie entscheiden wir uns dazwischen? Schlanker oder massiver Tropfen? Ist überhaupt ein Tropfen gefragt oder sollte der Körperschwerpunkt oben liegen wie bei dem umgekehrten Tropfen? Wie schwer sollte die Pose sein?

Bei der Beantwortung dieser Fragen sind auch klimatische Einflüsse von Bedeutung, denn die allgemeine Durchschnittstemperatur einer Region macht sich im Beißverhalten der Fische bemerkbar: im warmen Rheinland beißen die Fische unter Umständen entschiedener und die Bisse fallen deutlicher aus, sodaß mit einer kompakteren Posenform gefischt werden kann, die die Köderpräsentation erheblich erleichtert.

Im kühleren Norddeutschland dagegen beißen die Fische teilweise so fein, daß sich die Bisse selbst großer Fische manchmal nicht von einem Hänger unterscheiden und wir in vielen Gewässern gezwungen sein können, so fein wie möglich zu fischen. Natürlich spielt auch die Jahreszeit eine große Rolle für die Wahl der Pose - während die Fische bei warmem Wasser lustvoll und entschieden zugreifen, werden sie mit sinkender Temperatur heikel und erfordern eine wesentlich leichtere und feinere Präsentation.

Im letzten Kapitel wurde bereits erklärt, wann die beiden Hauptformen Tropfen und umgekehrter Tropfen eingesetzt werden - diese grundsätzliche Entscheidung ist leicht zu treffen, sobald wir uns für eine Angelmethode entschieden haben. Bei der Entscheidung für eine bestimmte Pose und ihre Größe können nur allgemeine Regeln wirksam werden, die wir versuchen müssen, so gut wie möglich auf die Situation am Wasser zu übertragen. Beruhigend immerhin zu wissen, daß wir uns auf relativ sicherem Boden bewegen, solange wir die Form der Pose ungefähr zwischen den beiden Extremen Stab und Kugel ausrichten, die Pose nicht schwerer als nötig wählen und sie korrekt austarieren. Dann fischen wir schon mit einem fängigen System, wie uns der Erfolg bald genug beweisen wird!

Ganz allgemein gesprochen: Das Funktionssystem aus Schnur, Pose, Blei und Haken bildet eine Einheit, die so aufeinander abgestimmt sein muß, daß sie 1. den Köder mit dem Wurf in die gewünschte Entfernung bringt, ohne sich zu verheddern, 2. den Köder in die gewünschte Tiefe absinken läßt, 3. den Köder mit der Drift zum Fisch transportiert, 4. den Köder auf möglichst natürliche Weise anbietet und 5. Bisse möglichst schnell und deutlich sichtbar macht. Soweit die technischen Erfordernisse.

Um diese Aufgaben erfüllen zu können, muß das System *Pose-Blei* an die Verhältnisse wie Strömungsstärke, Wellen, die durch Windstärke und -richtung entstehen oder Turbulenzen angepaßt werden. In vielen Fällen reicht es schon, wenn wir uns fragen, welches Gewässer wir befischen wollen - ob See oder Fluß, in welcher Entfernung wir fischen, welche Tiefe das Wasser hat und aus welcher Richtung der Wind bläst und vor allem, wie stark. Dabei berücksichtigen wir Jahreszeit und Temperatur.

Durch die Wahl der richtigen Pose und eines geeigneten Bebleiungssystems passen wir uns diesen äußeren Bedingungen so gut wie möglich an.

Generalregel: Die Posen*form* wird von Strömungsstärke und Wind bestimmt. Die Posen*größe* wird von Wurfentfernung und Wassertiefe bestimmt. Bei der Stippe fallen die Posen stets spürbar kleiner aus, da die Notwendigkeit des Werfens entfällt. Wichtigster Merksatz: *Die Posenform soll generell so sensibel und schlank und das Gewicht so niedrig wie möglich sein, damit der Trägheitswiderstand von Pose und Blei so niedrig wie möglich ist!*

Je ruhiger das Wasser, desto länglicher die Pose und verteilter die Bebleiung. Je stärker die Strömung, desto kompakter die Pose und kompakter die Bebleiung. Je größer die Pose, desto größer ihre Trägheit = desto mehr Kraft muß einwirken, also desto stärker muß der Fisch zupacken, um sie zu bewegen.

Leider ist mein Repertoire allgemeiner Regeln damit bereits erschöpft. Darüberhinaus hilft uns nur die eigene Erfahrung an unserem Gewässer und das Probieren verschiedener Modelle. Wir entscheiden uns nach der Strömungsstärke, die wir am Tempo abtreibender Blätter und Äste oder Grashalme messen, für eine Posenform und montieren sie in einer Größe, mit der wir unsere geplante Futterstelle erreichen.

Nach Fertigstellung der Montage werfen wir ein und prüfen das Verhalten: Läuft die Pose im freien Treiben ruhig? Wie reagiert sie auf Verzögerung - bleibt sie nahezu senkrecht stehen oder legt sie sich sofort flach auf das Wasser? Dann wäre die Pose zu lang und zu schlank. Steigt sie zu hoch, ist sie zu leicht. Pendelt sie dabei hin und her, ist sie zu leicht und zu schlank. Wie verhält sie sich beim Nachschleifen des Köders oder eines Schrotes über Grund? Wird sie langsam unter Wasser gedrückt, ist die Form zu schlank. Taucht sie schneller ab, sobald sie am Boden haftet, ist ihre Tragkraft zu gering, also größer wählen. Oder gefälligst den Hänger lösen!! Taucht sie zackig ab, stimmt alles: Biß - und Anhieb!

Im See prüfen wir, ob die Pose von einer Unterströmung abgetrieben wird und wenn ja, wie schnell? Macht sie den Eindruck, als wäre sie dabei völlig willenlos? Kippt sie bei leichtem Zug sofort um, ist sie sicher zu schlank und

zu leicht. Ist sie „willenlos", sollte ihr ein hoher Schwerpunkt mehr Standfestigkeit geben und sie sollte eventuell größer sein. Wir probieren, bis wir eine Pose finden, die gleichmäßig, pendelfrei und ruhig läuft und bei Verzögerung ohne zu wackeln stehenbleibt und nicht allzusehr anhebt dabei. Die beim Nachschleifen des Köders nicht untergeht und bei leichtem Zug an der Schnur Köder und Blei weiterlaufen läßt.

Die Größe muß ausreichen, um ohne Kraftanstrengung den Zielpunkt anwerfen zu können - man rechnet bei Windstille etwa 1 g Wurfgewicht für 10 m Distanz. Und je tiefer das Wasser, desto schwerer das nötige Gewicht: man rechnet 0.5 g je Meter Tiefe, um den Köder zum Grund herunterzubringen plus das Gewicht, das die Strömungsstärke erfordert, um ihn dort zu halten, wenn der Lauf verzögert oder gehalten werden soll. Das heißt: ohne Strömung reicht eine 2 g Pose aus, damit das Blei den Köder auf 3 bis 4 m Wassertiefe absinken läßt. Je stärker nun die Strömung, desto schwerer wird das nötige Blei - z.B. 4, 6 und selbst 8 oder 10 g bei kräftiger Strömung.

Auch die Entfernung zum Ufer beeinflußt die Wahl der Posengröße. Das Gewicht der Schnur zieht eine zu leichte Pose zu schnell diagonal aus der Futterspur in Richtung Ufer. Etwas mehr Gegengewicht bietet der Strömung eine größere Fläche, durch die sich der Gegendruck verstärkt, damit die Pose länger in der Futterspur laufen kann.

Starke Strömung fordert besonders an der Stippe eine schwere Pose, damit der Köder innerhalb der kurzen Drift schnell hinunter zum Futter kommt. Stellt sich die Pose sehr schräg, wird der Köder zu hoch gedrückt - die Pose ist zu klein und das Blei zu leicht.

Mit einer ausreichend langen Rute läßt sich sehr einfach ein Test durchführen, der einen Hinweis gibt, ob das Bleigewicht für die Strömungsstärke geeignet ist. Wir montieren ein Blei am Ende der Schnur und lassen es so von der Rutenspitze hängen, daß es einen halben bis einen Meter unter Wasser hängt. Nun beobachten wir an der Schnur, ob es von der Strömung abgetrieben wird oder senkrecht hängenbleibt. Treibt es schnell, ist es zu leicht. Bleibt es senkrecht hängen, ist es zu schwer. Wird es kontrolliert von der Strömung mitgeführt, ist das Gewicht korrekt!

Die Familie der Sticks

Alle Posen der Stickfamilie werden oben und unten befestigt. Keine von ihnen ist mit einem Metallkern vorgebleit, keine trägt eine Antenne

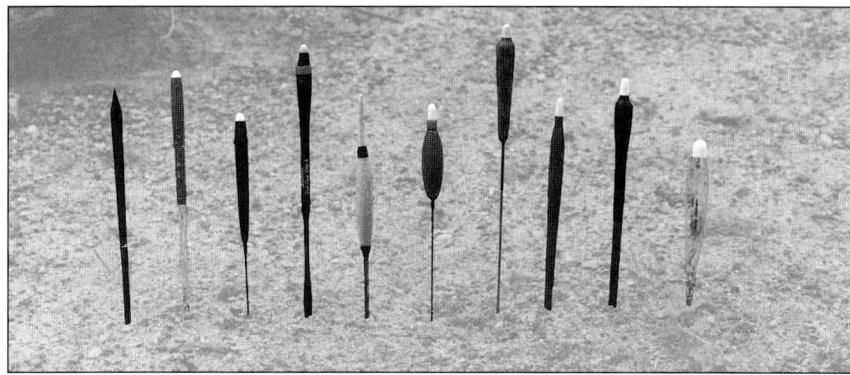

Sticks, Avons, "Wire Pacemaker", Balsa, Chubber/Loafer

Stick:
Standard-Stick: *Material/Merkmale:* Er besteht im oberen Teil aus tragfähigem Balsaholz und im unteren aus sinkendem Hartholz. Dadurch steht er bereits ohne Blei senkrecht im Wasser. Er wird in zwei Ausführungen gefertigt: mit spitzem und mit rundem Posenkopf. Der spitze Kopf bietet weniger Widerstand und ist bei der Bißanzeige sensibler - der runde Kopf besitzt ausreichend Restauftrieb, um die Pose auch bei stärkerem Wind oder bei schleifendem Vorfach an der Oberfläche zu halten.
Einsatz: Als leichteste Pose in der Reihe der Stickfamilie wird er in flachem Wasser bis max. 2 m Tiefe bei nicht zu starker, gleichmäßiger Strömung ohne Turbulenzen eingesetzt. Ideale Reichweite ein bis zwei Rutenlängen - bei Wind stromauf plus leicht gegen das andere Ufer auch drei Rutenlängen: Wind drückt bei hochgehaltener Rutenspitze in den Schnurbogen und verzögert so die Posendrift ohne unser Zutun. Beim Senken der Rute sinkt der Schnurbogen zurück auf das Wasser und die Pose läuft ohne den Winddruck ungehindert weiter. Das Tempo der Drift wird immer wieder variiert, bis sich zeigt, auf welche Durchlaufgeschwindigkeit die Fische reagieren. Generell: In kaltem Wasser sind die Fische träge und reagieren auf sehr langsam treibende Köder. In warmem Wasser werden sie aktiv und reagieren auch auf schneller treibende Nahrung (dies gilt natürlich für alle Posen und Gewässer).

Der Stick ist eine Strömungspose, die nicht mehr als 1.5 g Tragkraft besitzen sollte. Sie führt an feiner Schnur einen kleinen Köder am kleinen Haken durch Verzögerung verlangsamt mit der Strömung abwärts, wobei der Köder in der Regel dem Schrot voraustreibt (Spitzkopf-Stick). Mit Rundkopf-Stick auch nachschleifendes Vorfach. Auch wenn es manche englische Autoren empfehlen, ist er kaum für die Drop-Methode geeignet, da die kleinen Schrote beim Absinken den dicken Stick kaum sichtbar sinken lassen, der einen Biß dadurch nicht deutlich anzeigen kann. Alle Sticks und Avons dürfen nur mit einem vorsichtigen Seitwärtswurf oder Unterarmschwung eingeworfen werden, damit sich die Montage nicht verhängt!

Bebleiung: Bei beiden Standardversionen ragen nur 1 bis 2 mm der Spitze aus dem Wasser. Direkt unter dem Stick wird ein Schrot von 0.1 bis 0.4 g zur Stabilisierung angebracht. Für den Anfang werden 10 bis 12 Schrote in drei bis vier verschiedenen Größen von oben nach unten abnehmend in gleichen Abständen zwischen Pose und Vorfach aufgereiht - Spezialisten setzen sogar bis 20 kleinste Schrote ein. Der Köder fällt unverdächtig langsam sinkend zum Grund. Beißen die Fische regelmäßig am Grund, können die Schrote in die untere Hälfte der Schnur geschoben werden. Die Bleianordnung wird während des Fischens immer wieder verändert, bis das Verhalten des Köders während des Abtreibens dem Beißverhalten der Fische entspricht, was sich durch häufigere Bisse anzeigt.

Big Stick: Dies ist die größere Version des Standard-Stick. Ist identisch mit dem Stick, wird aber wegen des größeren Umfangs und mehr Länge mit etwas größeren Schroten ausgebleit (alle Schrote jeweils ein bis zwei Nummern größer als beim Stick), um schnell zum Grund zu gelangen. Daher oft auch mit Bebleiungsanordnung in der unteren Hälfte der Schnur.

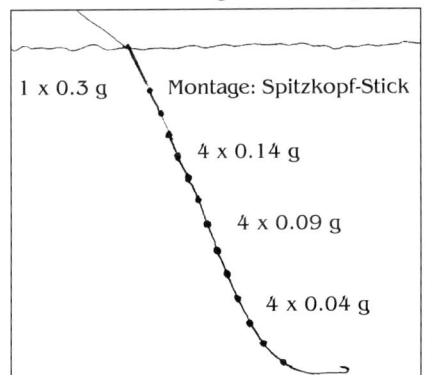
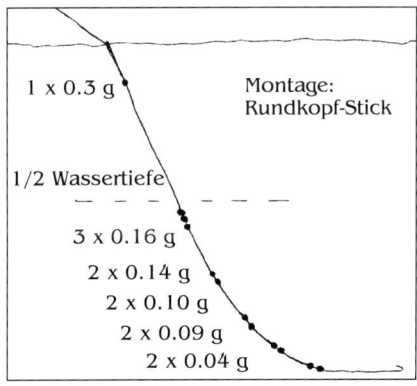

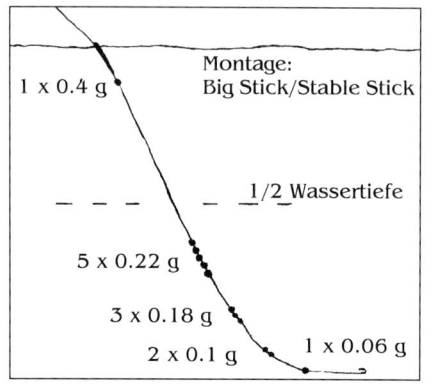 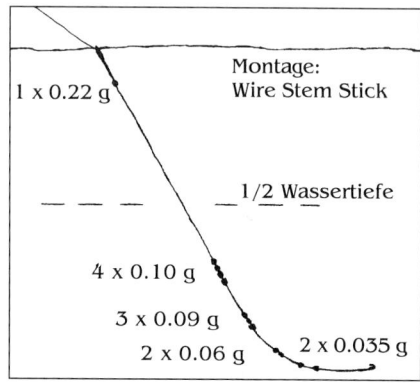

Lignum Stick/Stable Stick: Dies ist die ohne Metallkern "vorgebleite" Version des Stick mit einer Verdickung im unteren Hartholzteil. Sie bringt mehr Gewicht und hält den Stick aufrecht in der Strömung - besonders bei Verzögerung. Wenn er beginnt, beim Halten zu taumeln, muß zu einem der kräftigeren Posenmodelle übergegangen werden. Läßt sich bei idealer Windrichtung perfekt führen: Rutenspitze hoch - Wind greift in den Schnurbogen und Pose bleibt fast stehen. Rute runter - Pose läuft ungehindert weiter.
Wire Stem Stick: Stick mit Drahtkiel statt Hartholzeinsatz. Muß mit drei Gummis befestigt werden. Durch den geringeren Widerstand des dünnen Kiels eine stabile Posenführung in turbulentem Wasser auch bei Verzögerung. Steht auch ohne Blei senkrecht im Wasser - die Schrote lassen ihn Stück für Stück sinken. Wenn jemand in der Strömung unbedingt mit Drop-Methode Fische im Mittelwasser beangeln will (z.B. Aland), dann am ehesten mit dem Drahtkiel-Stick. Bebleiung konzentriert auf untere Hälfte bis unteres Drittel der Schnur, um den Vorteil des geringen Widerstandes gegenüber der Strömung auch bei den Schroten auszunutzen.

Avon (Topper):
Material/Merkmale: Ursprünglich ein mit Garn umwickelter Krähen-Federkiel, auf dem im oberen Bereich ein Schimmkörper aus Kork oder Holundermark (neuerdings alternativ auch ein Schaumkörper) sitzt. Peacock (Pfauenfederkiel) besitzt zuviel Auftrieb und würde ihn bei Verzögerung steigen und kippen lassen. Da er in dieser schönen Form nicht im Handel ist und man ihn nur handgefertigt bekommen kann, wenn man mit seinem Erfinder "Topper" Haskins befreundet ist, bzw. *ihn selbst herstellt*, ist man auf die kommerziellen Formen aus Kunststoff und Balsaholz angewiesen.

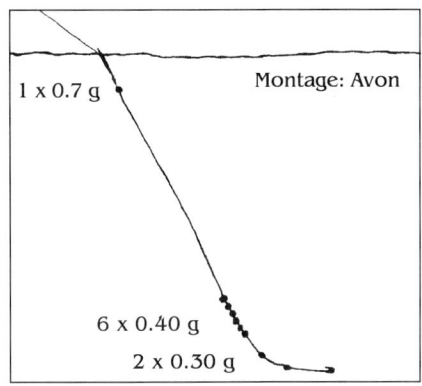
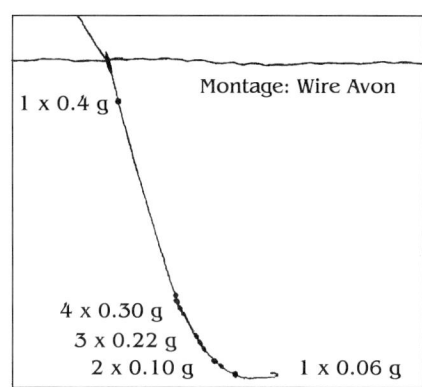

Bebleiung des Topper: Wird denkbar einfach mit einigen großen Schroten im unteren Teil der Schnur angebracht. Zwischen Hauptbebleiung und Vorfach 2 x 0.30 g, direkt unter der Pose ein großes Stabilisierungsschrot.

Einsatz: Mit dieser Bleianordnung fliegt der leichte Topper, ohne den Flug der Montage zu beeinflussen - er wird von dem Schrot einfach hinterhergezogen. Er wird auch auf größere Entfernung in leichter Strömung und Tiefe angeboten. Bei zu schneller Drift wird er leicht verzögert - auf Entfernung über den Wind im Schnurbogen durch Anheben der Rutenspitze.

Der kommerzielle *Avon* aus Balsa auf einem Bambus-Kiel oder aus Plastik wird bei ähnlichen Bedingungen eingesetzt. Auch bei starkem Wind stromauf kämpft er sich seinen Weg mit der Strömung hinab - sein großer Körper bietet dem Wasserdruck ausreichend Angriffsfläche. Bei Wind stromab erlaubt die etwas längere Spitze auch, die Schnur einige Zentimeter unter Wasser zu legen, damit die Drift nicht unnatürlich beschleunigt wird. Der Avon läuft frei oder nur leicht verzögert mit der Strömung. Bei starkem Zurückhalten steigt er zu sehr und beginnt wegen des hohen Schwerpunktes zu pendeln. Er wird bis zum Bereich der maximalen Wurfweite eingesetzt - soweit es der Seitwärtswurf hergibt!

Bebleiung: Das Hauptgewicht wird mit großen Schroten im unteren Bereich der Schnur angebracht, 20 bis 30 cm über dem Haken ein bis zwei größere Kontaktschrote (z. B. 0.30 g) dicht beieinander. Wenn der Köder ohne eine Bißanzeige angeknabbert zurückkommt, kann das Vorfach verkürzt werden. Ein raffiniertes Bleisystem ist für den Avon nicht nötig.

Wire Avon: Dieser Drahtkiel-Avon ist eigentlich ein schwerer Stick und wird ähnlich wie dieser gefischt, wobei von Anfang an die auf einen tiefgelegenen Punkt konzentrierte Bebleiung zum Einsatz kommt. Er entspricht

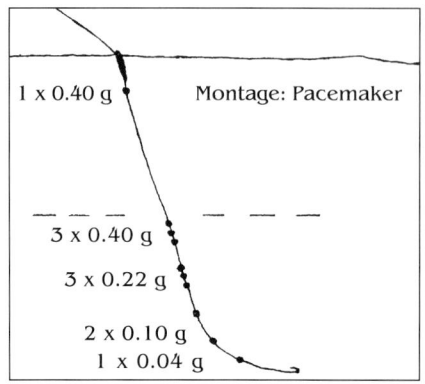
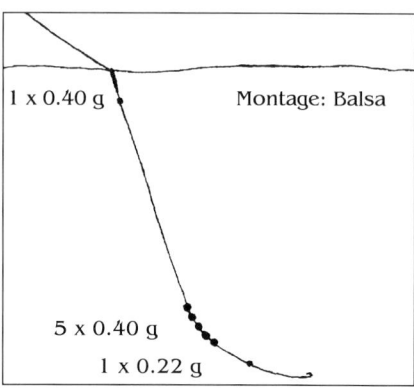

in seiner Form dem Drahtkiel-Stick, besitzt jedoch höhere Ladekapazität wegen seines größeren Schwimmkörpers.

Pacemaker:
Material/Merkmale: Er ist ebenfalls eine Erfindung von Ivan Marks und ist wie der Stick aus Balsa und Hartholz zusammengesetzt - der Hartholzeinsatz im unteren Teil macht jedoch nur 1/4 bis1/3 der Gesamtlänge aus. Dadurch erhält er eine höhere Tragkraft. Er ist kräftiger als der Stick bei größerer Laufstabilität. Die breiten Schultern halten ihn auch bei Verzögerung noch tief genug im Wasser, wenn er bis an den Rand der Spitze ausgebleit ist. Die nicht zu plumpe Spitze bietet eine einwandfreie Bißanzeige. Dieses wichtige Bindeglied zwischen Stick und Balsa scheint allerdings zur Zeit nicht im Handel zu sein. Eine brauchbare Alternative sind die neuen "Wide Shouldered Wire Stem Pacemaker" mit breiten Schultern und langem Drahtkiel von John Allerton (siehe Foto - S. 22), die bisher noch keinen Namen haben und die der Idee des ursprünglichen Pacemaker von Ivan sehr nahe kommen!
Einsatz: Er verträgt stärkere Strömung als der Stick und wird in nicht allzu tiefem Wasser eingesetzt - 1 bis 3 m Tiefe sind optimal. Gelegentlich strudelnde Oberfläche und Turbulenzen über Untiefen stören ihn kaum. Wie die Sticks arbeitet er nur bei Wind stromauf ideal - Wind mit der Strömung macht seinen Einsatz schwierig. Im Gegensatz zum Avon läßt er sich zurückhalten - wenn verzögert werden muß, ist der Pacemaker, die richtige Alternative zum Avon.
Größere Haken - größere Köder als beim Stick sind die Domäne des Pacemaker: zwei Maden oder Caster, Käse, ein Maiskorn oder ein Stück Fleisch. Eingeworfen wird er ebenfalls nur mit einer Mischung aus Seitwärtswurf

und Unterarmschwung. Bei weiten Würfen fliegt er besser, wenn das Stabilisierungsschrot unter seinem Kiel verkleinert und das Restgewicht nach unten verlagert wird. An seine Grenze gelangt der Pacemaker, wenn er sich beim Verzögern willenlos trudelnd auf das Wasser legt - dann ist es Zeit für den kompakteren Balsa!
Bebleiung: Obligatorisch wie bei allen Sticks ist das große Stabilisierungsschrot unter der Pose. Die Hauptbebleiung sitzt in Form einiger größerer Schrote unterhalb der Mitte zwischen Pose und Haken. Es folgen abgestuft über 2 bis 3 Größen 6 Schrote bis zum Haken, über dem in 20 cm Abstand nur ein kleineres Kontaktschrot sitzt.

Balsa:

Material/Merkmale: Besteht mit seiner gleichmäßigen Zigarrenform und knubbligen Spitze durchgehend aus einem Stück Balsa oder Hartschaum und besitzt daher hohe Tragkraft. Seine tragfähige Spitze hält ihn auch bei starker Strömung an der Oberfläche.
Einsatz: Seine Aufgabe ist es, mit seiner großen Tragkraft große Köder in schnell fließenden Gewässern schnell zum Grund zu befördern und dort zu halten. Der Köder soll nach dem Einwurf auf der Futterspur ankommen, bevor die Strömung die Montage abgetrieben hat. Seine kurze Form erlaubt den Einsatz in flachem Wasser - sein hohes Gewicht macht ihn aber auch für größere Tiefen geeignet. Aufgrund seiner einfachen Bauweise und der einfachen Aufgabenstellung ist er völlig unproblematisch. Er kann mit übertiefer Einstellung das Vorfach über Grund nachschleifen - auch einige Schrote, wenn der Grund eben genug dazu ist.
Im Nahbereich kann er auch hart zurückgehalten werden - vorausgesetzt ist eine ausreichend übertiefe Einstellung, damit der Köder dicht am Grund bleibt. Auf Entfernung würde er dabei aus der Futterspur zum Ufer gedrückt - unter der Rutenspitze läuft er in der Spur. Der richtige Zeitpunkt, die Pose wieder laufenzulassen, zeigt sich, wenn sie beim Zurückhalten zu weit aus dem Wasser steigt. Dann muß sie wieder laufen, um sie kurz darauf wieder zu halten. Reagieren die Fische auf die Verzögerung nicht, darf er frei mit der Strömung treiben. Große Köder wie Tauwurm, Käse, Brotkruste und Frühstücksfleisch für große Fische wie Döbel, Aland, Schleie lassen sich unter dem kompakten Balsa anbieten - prüft ein Fisch den Köder, wackelt er mit der dicken Spitze. Greift der Fisch zu, verschwindet er abrupt.
Bebleiung: Einfach und unproblematisch wie die Pose - ein großes Stabilisierungsschrot unter der Pose, einige große Schrote als Hauptbebleiung 50

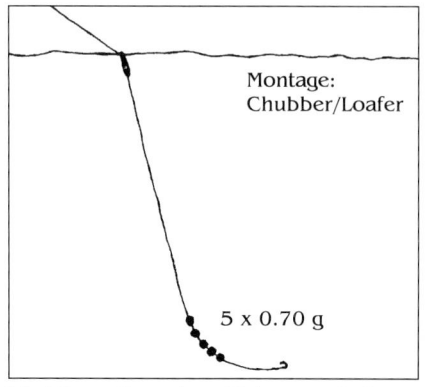

Montage: Chubber/Loafer

5 x 0.70 g

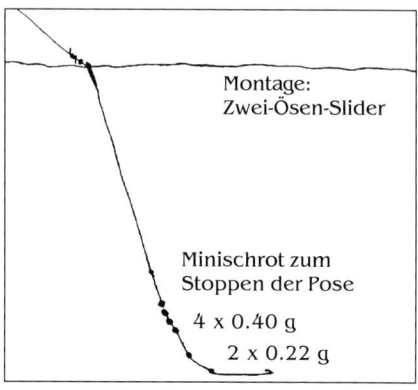

Montage: Zwei-Ösen-Slider

Minischrot zum Stoppen der Pose

4 x 0.40 g
2 x 0.22 g

bis 60 cm über dem Haken und ein größeres Kontaktschrot. Bei Wind stromab ein großes Hinterblei auf die Schnur oberhalb des Schwimmers. Die Modelle unterscheiden sich bei den einzelnen Herstellern teils erheblich in der Form und es gibt sensiblere Balsas, die nicht stark gehalten, sondern nur leicht verzögert werden dürfen. Diese Balsas werden mit etwas kleineren Schroten ausgebleit, die sich für eine sensiblere Präsentation auch weiter auseinanderziehen und auf 1 m Schnur oder mehr über dem Vorfach verteilen lassen!

Loafer/Chubber:
Material/Merkmale: Zwei Namen für das gleiche Modell, die beide aussagen, wofür die Pose eingesetzt wird: *Loafer*, weil er mit großen Ködern wie Brotkruste, aber auch großen Brocken Frühstücksfleisch eingesetzt wird (engl. Loaf = Brotlaib). *Chubber*, weil mit ihm in wild strömenden Flüssen der scheue Döbel beangelt wird (engl. Chub = Döbel). Er ist die kompakteste Form des Stick mit dem größten Umfang und wird aus einem Balsakörper mit kurzem Hartholzkiel oder völlig aus Plastik hergestellt. Seine dicke Spitze gibt ihm so kräftigen Auftrieb, daß er in starker, unruhiger Strömung nicht untergeht, sondern weithin sichtbar an der Oberfläche „klebt".
Einsatz: Als dem kräftigsten der Stickfamilie sind ihm äußere Umstände ziemlich egal: stärkste Strömung, flaches oder tiefes Wasser, Wind oder nicht. Auch Wind stromab macht ihm nichts aus - die schwere Montage schleppt gleichmütig den Köder durch die Flut und läßt sich von ein bißchen Zug an der Schnur nicht beirren. So läßt sich mit ihm die Hauptströmung der Äschenregion eines Flüßchens im Schwäbischen ebenso befischen wie die gigantische, gurgelnde Flut des Oberrhein.

Seine Reichweite wird nur durch die Fähigkeit des Anglers begrenzt, der ihn mit einem Unterarmschwung in hohem Bogen hinauskatapultiert. Dem geübten Werfer erlaubt die einfache Montage auch den Überkopfwurf, wenn vor der Landung sein sensibler Finger am Spulenrand die Montage bremst und sich strecken läßt. Keine Sorge, daß sich die Fische durch das Aufklatschen irritieren lassen könnten - da, wo der Chubber eingesetzt wird, sorgt die allgemeine Geräuschkulisse dafür, daß kein noch so empfindliches Seitenlinienorgan der Fische den Klatscher als störend empfindet!

Die dicke Spitze sorgt dafür, daß wir die Pose noch sehen können, wenn sie in wenigen Sekunden 50 m weit abgetrieben ist. Ihr Untertauchen geschieht meist abrupt, denn ein Fisch darf nicht lange überlegen, ob er bei dem lockenden Köder zugreifen will oder nicht! Große Köder wie Tauwürmer oder Käsebrocken usw. schleppt der Chubber durch die Flut.

Auch über Grund schleppen darf er den Köder und wenn dabei einige Schrote schleifen, ist das auch noch recht. Hin und wieder ein wenig zupfen an der Schnur, wenn die Montage hängt, und die Drift geht weiter. Allerdings aufpassen, ob es wirklich ein Hänger ist, oder ob eine Barbe ihr Mäulchen über den Köder gestülpt und damit den Hänger verursacht hat! Große Haken - große Köder - große Fische: damit ist der Chubber in seinem Element.

Bebleiung: Ein paar große Schrote auf die Schnur und fertig. Manche Angler halten noch an dem großen Stabilisierungsschrot unter der Pose fest - na gut! Einige fordern auch ein entsprechend großes Kontaktschrot über dem Haken - wer es will, dem sei es gegönnt. Hauptsache, eine Kette gleichgroßer Schrote sitzt dicht gruppiert über dem Vorfach und sorgt dafür, daß der Köder unten bleibt. Auch eine Torpille, durch 2 bis 3 Schrote gehalten, wäre angemessen, denn Raffinesse ist beim Chubber wirklich nicht gefragt!

Slider-Laufpose:

Zwei-Ösen-Gleiter: Material/Merkmale: Die Laufpose aus Balsaholz, die wie ein Stick oben und unten aufgehängt ist, ähnelt in ihrer Form einem Balsa, dem zwei Laufösen angebunden wurden. Die oben dickere Form verleiht dem Slider genügend Auftrieb im oberen Bereich, um ihn nach dem Einwurf schnell zur Oberfläche auftauchen zu lassen.

Einsatz: Wann immer eine Laufpose gefordert ist (siehe Kapitel "Mit der Laufpose"): wenn eine kurze Montage sich besser werfen läßt, in tiefem Wasser oder wenn eine Festpose auf sehr große Distanz immer wieder zu Fehlanschlägen führt, weil der Anschlag nicht zum Haken durchkommt, entscheiden wir uns für eine der beiden Slider-Varianten. In schneller Strömung empfiehlt sich der Zwei-Ösen-Gleiter, da er sich bei Wind stromauf mit unter Spannung gehaltener Schnur etwas besser führen läßt. Zu beachten ist allerdings, daß sich ein Gleit-Balsa kaum besser zurückhalten läßt als ein Waggler, der bei geringstem Zug abtaucht. Man muß ihn frei treiben lassen und die einzige Art der Verzögerung liegt darin, Vorfach und eventuell auch ein Schrot schleifen zu lassen - eine Technik, für die der Gleit-Balsa wegen des hohen Auftriebes in seinem Oberteil gut geeignet ist!

Montage: Um die Wassertiefe einstellen zu können, ist es nötig, den Aufstieg der Pose mit einem Stopperknoten zu begrenzen. Damit die Ösen der Pose nicht über den Knoten rutschen, wird zwischen Knoten und Pose eine Glasperle aufgefädelt. Es ist erstaunlich, daß die Engländer den Vorteil dieser Glasperle noch nicht erkannt haben - sie setzen Laufposen mit extrem kleinen Ösen ein und verzichten auf die Perle. Ein unübersehbar nachteiliges Verfahren, da nun mal eine Laufpose besser steigt, wenn die Schnur durch größere Ösen gleitet!

Die Bebleiung gleicht der des Balsa, wenn die Montage frei treiben soll. Lassen wir Schrote nachschleifen, werden sie entsprechend tiefer nach unten gerückt. Wichtig ist, ein kleines Schrot 20 cm über die Bebleiung zu setzen, auf dem die Pose während des Wurfes ruht. Grundsätzlich sollten Slider mindestens 2 g Tragkraft besitzen - genügend Gewicht auf der Schnur, damit der Köder bis zum Grund sinken kann und genügend Auftrieb der Pose, um nach dem Einwurf zurück zur Oberfläche aufzusteigen.

Gleit-Waggler: *Material/Merkmale:* Im Gegensatz zum Gleit-Balsa gibt es keine spezielle Gleitversion des Wagglers: jeder Waggler kann grundsätzlich auch als Laufpose eingesetzt werden. Günstig ist es, wenn er dazu aus einem tragfähigen Material wie Peacock oder Balsaholz besteht. Für weite Würfe empfehlen sich vorgebleite Waggler, die durch ihren Metallkern nicht vom Luftdruck auf der Schnur zurückgedrängt werden, sondern im Flug dicht an der Bebleiung bleiben und damit eine größere Wurfweite erreichen (die Modelle *Antenna Slider* und *Missile*).

Leider bestehen einige Mißverständnisse auf dem Posenmarkt: die einzigen echten Missiles, so wie sie von Billy Lane erfunden wurden, kommen zur Zeit aus Italien: die für weiteste Würfe perfekten, vorgebleiten Weitwurfwaggler mit Peacock-Antenne, Balsa-Körper und schwerem Metallkern. Die englischen Posen, die wir heute als Missiles auf dem Markt finden, sind in Wirklichkeit Zoomer (siehe Waggler-Kapitel), wie sie Ivan Marks erfunden hat. Und die Zoomer, wie sie heute angeboten werden, sind gar nichts! Oder - um etwas einzulenken - sie sind einfache Loaded Bodied Waggler

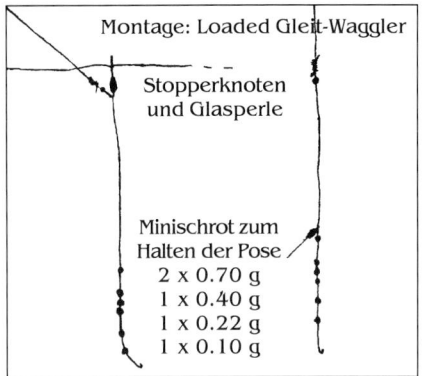
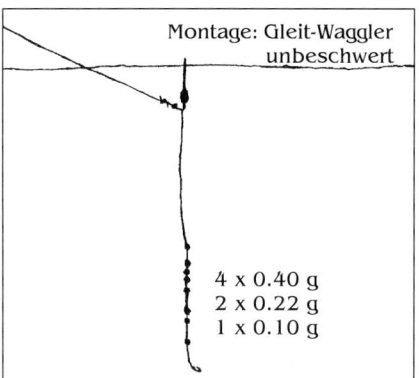

und sollten so auch eingesetzt werden. (Es tut mir leid, daß die Willkür einiger englischer Posenhersteller die Sache so verzwickt macht, aber ich denke, daß diese Informationen zumindest für die Enthusiasten höchst interessant und nützlich sind). Wer also einen echten Missile einsetzen will, da er sich als Gleit-Waggler hervorragend eignet, muß sich italienische Weitwurfwaggler mit Pfauenfederkiel zulegen!

Einsatz: Gleit-Waggler werden im Stillwaser und in nicht zu turbulenter Strömung eingesetzt. Für die Drop-Methode, wo die Fische den Köder nehmen sollen, während er nur von wenig Blei herabgezogen langsam sinkt, eignen sich Modelle mit dünnem Antenneneinsatz (Insert), die mit ihrer feinen Spitze auch leichte Bisse signalisieren. Ein Straight Waggler ohne Einsatz empfiehlt sich als Laufpose, wenn die Montage in der Strömung frei treiben und gelegentlich das Vorfach nachschleifen soll.

Montage: Stopper und Glasperle anbringen und darunter einen Waggler mit mindestens 2 g Tragkraft auffädeln. Die Hauptbebleiung aus 3 bis 4 großen, zusammengerückten Schroten anbringen. Darunter ein bis zwei kleinere Kontaktschrote bis 30 cm über dem Haken verteilen. Die Hauptbebleiung kann bei Bedarf etwas höher geschoben werden, damit die Montage im unteren Bereich sensibler wird. Über dem obersten Schrot der Hauptbebleiung wird ein kleines Schrot angebracht, damit die Pose nicht auf der Hauptbebleiung ruht - dieses Schrot verhindert weitgehend, daß sich die Montage im Flug verhängt.

Zum Austarieren der Pose den Stopper zunächst nur dicht über das Blei rücken, um im flachen Uferwasser die Schrotmenge kontrollieren zu können. Zum Ausloten ein AAA-Schrot auf den Haken klemmen und einwerfen, die richtige Tiefe wird an der Antenne sichtbar.

Die Familie der Waggler

Waggler werden (bis auf eine Ausnahme) nur am unteren Ende befestigt und sowohl ohne eingebautes Gewicht als auch mit einem Messingkern vorgebleit eingesetzt. Da jeder Hersteller seinen Modellen eigene Produktnamen verleiht und sich die Standardformen dadurch leicht unterscheiden können, werden nachfolgend nur die Hauptgruppen der Waggler beschrieben, in die sich alle Modelle eingliedern. In einigen Fällen wurden spezielle Waggler mit festgelegten Namen und Aufgaben gesondert beschrieben.

Insert + Straight Waggler, Bodied Peacock, Ducker, Canal Waggler, Stillwater Blue, Windbeater, Dart, Missile, Zoomer, Self Cocker, vorn: Loaded Wagglers, Slider

Insert Waggler:

Material/Merkmale: Dieser Waggler besteht aus einem längeren, geraden Stück eines schwimmfähigen Materials und einer feinen eingesetzten Spitze mit etwa 5 cm Länge (dem Insert). Die besten Flugeigenschaften und die höchste Tragfähigkeit besitzt der klassische Peacock (Pfauenfederkiel), der allen anderen Materialien überlegen und sehr haltbar ist. Er wird aber auch aus Balsaholz oder Plastik gefertigt. Die Plastikwaggler heißen Crystals und sind innen hohl, ihre Tragkraft wird also durch die eingeschlossene Luft erzeugt. (Viele Waggler und Sticks werden auch als Crystal angeboten!).

Einsatz: Dieser feine Waggler ermöglicht im Stillwasser und in leichter Strömung bei nicht zu starkem Wind die Drop-Methode, bei der ein langsam und natürlich absinkender Köder an leicht bebleiter Schnur angeboten wird, um bereits im Sinken genommen zu werden. In den extrem stark beangelten Seen im Reich der Queen bewährt sich diese Methode, da dort

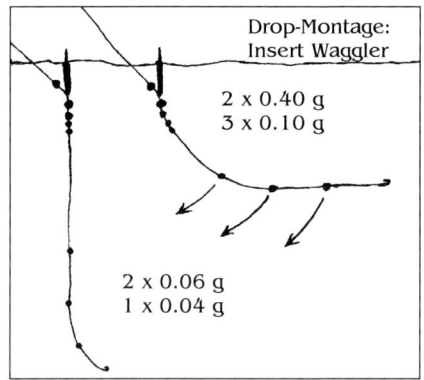
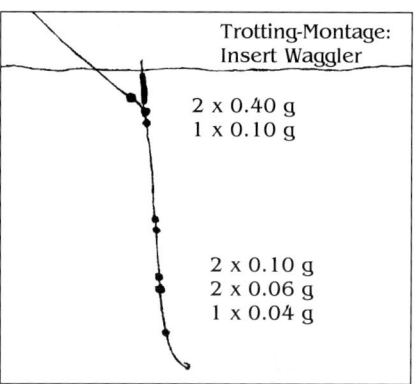

die Fische so scheu wurden, daß sie nur mit den feinsten Techniken zu überlisten sind! Um die Fische anzulocken, werden einige Maden mit dem Katapult eingeschossen. Die Stelle wird überworfen, dann wird mit einigen schnellen Umdrehungen der Kurbel bei eingetauchter Rutenspitze die Schnur unter Wasser gelegt. Nun sinkt der Hakenköder zwischen den Futtermaden und wartet auf einen Biß.

Für diese Methode eignen sich *nur* und *ausschließlich* Waggler mit Insert, denn nur die feinen Antennen erlauben, die Bisse am sinkenden Köder zu erkennen! Auch wenn es selbst in England hundertfach falsch zu lesen sein mag - weder Sticks, noch Straight Waggler mit ihrer unsensiblen Spitze eignen sich für den Drop! Dies ist die heiligste Aufgabe des Insert Waggler, der mit seinem dünnen Durchmesser leichter eintaucht als jede andere Pose und dem Fisch fast keinen Widerstand entgegensetzt. Ein weiterer Vorteil der Antenne liegt in ihrer stoischen Ruhe bei Wind und Wellen, die ihr wenig anhaben können. Dem Wind bietet sie kein Profil, die Wellen gleiten an ihr auf und nieder, ohne sie zu erschüttern und Oberflächendrift schaltet sie aus. Dies ist der Grund dafür, daß der Insert eine gewisse Länge haben soll. Sehr viel länger als 5 cm darf er wiederum auch nicht sein, da dies auf Kosten der Tragkraft der Pose geht. Bei mehr Wind und höheren Wellen kommen daher Modelle wie der Windbeater an die Schnur.

Bebleiung: Die klassische Bebleiung des Insert Waggler ist sehr einfach aufgebaut. Die Pose wird fast bis zum Ansatz des Insert mit einigen Schroten zu beiden Seiten des Posenfußes ausgebleit, wobei das Gewicht unter der Pose in mehrere kleine Schrote aufgeteilt werden kann, um später bei Bedarf einige davon hinunterschieben zu können. Auf der Schnur werden je nach Tiefe des Wassers nur 2 bis 4 kleine Kontaktschrote verteilt, die den

Insert auslasten und zur Bißanzeige dienen. Sie müssen groß genug sein, um sich stufenweise beim Absinken an der Antenne sichtbar zu machen. Dabei darf der Insert noch gut sichtbar aus dem Wasser ragen - die feine Spitze läßt die Fische kaum Widerstand spüren. Wenn einige Schrote vom Posenfuß nach unten geschoben und auf der Schnur verteilt werden, läuft der Waggler ungebremst in der leichten Strömung stromab und bietet z.b. Rotaugen den frei treibenden Köder an.

Straight Waggler:
Material/Merkmale: Diese einfachste Form des Waggler wird aus den gleichen Materialien hergestellt wie der Insert Waggler, unterscheidet sich aber dadurch, daß ihm die feine Antenne fehlt. Die stumpfe Spitze des Straight Waggler besitzt ein hohes Maß an Tragkraft.
Einsatz: Wenn zuviel Wind oder Strömung die feine Spitze des Insert Waggler unter Wasser drückt, ist es Zeit, zum Straight Waggler zu wechseln. Er wird sowohl im Stillwasser, als auch in der Strömung eingesetzt. Je stärker die Strömung, desto dicker der Kiel, aus dem er gefertigt ist - dann läuft er ruhig und stabil, auch wenn die Strömung drückt. Auf wechselnde Windrichtungen reagiert er nicht so empfindlich wie die feineren Sticks - die Schnur wird bei Wind stromab unter Wasser gelegt und die tragfähige Spitze läßt sich nicht so leicht von Wind und Wellen unter Wasser drücken.
Bei größeren Modellen kann auf geringere Entfernung die Schnur auch auf dem Wasser liegenbleiben - sie wird dann nur ab und an gegen den Wind umgelegt, um den Bogen herauszunehmen, der die Drift beschleunigt und die Montage aus der Futterspur zieht. Bei Wind stromauf bleibt die Schnur über Wasser. Wird er mit einem Schrot weniger unterbleit, sodaß ein größerer Teil der Spitze aus dem Wasser ragt, läßt sich die Drift sogar leicht verzögern, indem die Schnur mit der Rutenspitze hochgehalten wird, damit der Wind in den Schnurbogen drückt und damit die Posendrift langsamer wird.
Die höhere Tragkraft durch das Unterbleien ermöglicht ihm auch, einige Schrote über Grund zu schleppen - vorausgesetzt, er ist frei von Hindernissen.
Bei einem Biß taucht er leichter ein als eine Pose mit Körper, reagiert also deutlicher bei weniger Widerstand für den Fisch. Der Nachteil aller Waggler: zurückhalten ist nicht möglich - bei Zug an der Schnur tauchen sie ab.
Die Aufgabe des Straight Waggler besteht darin, einen Köder am Grund anzubieten - oft mit nachschleifendem Vorfach. Mit tief und konzentriert angebrachtem Blei sinkt der Köder rasch und bietet kleinen Fischen im Mittelwasser kaum die Chance, den Köder abzufangen. Für Fische wie

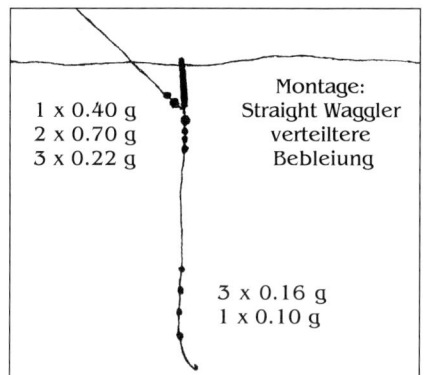
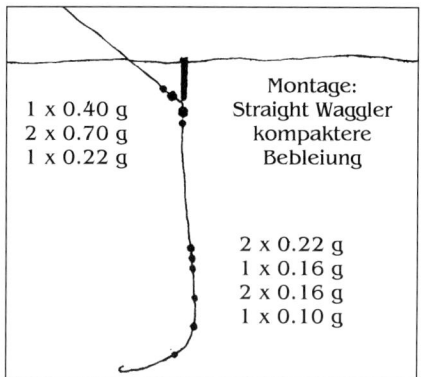

Brassen, die auf verzögerte Köderpräsentation reagieren, schleppt die dicke Posenspitze das Vorfach und sogar einige Schrote über Grund.
Die Reichweite wird durch Länge und Tragkraft der Pose begrenzt. Soll weiter geworfen werden, wird ein Bodied Waggler mit Körper nötig.
Bebleiung: Die Art der Bebleiung hängt von der Strömung und der Aufgabe ab. Für flache Gewässer (bis 2 m) mit geringer Strömung wird häufig eine der Standardmethoden empfohlen: die Schrote im "Shirt Button Stil" (in Hemdknopfmuster) in gleichen Abständen auf die Schnur gereiht. Dies entspricht allerdings nicht ganz der eigentlichen Aufgabe - hierfür würde sich eher der feinfühlige Insert anbieten.
Das klassische System besteht aus 2 bis 4 Schroten links und rechts neben dem Befestiger des Wagglers, um ihn in der gewünschten Tiefeneinstellung festzusetzen. Zwischen den Schroten bleibt ein Abstand von 10 mm für den Posenfuß, um dem Waggler genügend Bewegungsfreiheit zu geben. Spezialisten setzen statt 1 bis 2 großer Schrote unterhalb des Wagglers lieber 4 kleinere Schrote ein, da dies variabler ist. So lassen sich jederzeit bei Bedarf einzelne Schrote herunterschieben, um z.B. den Köder bei verstärkter Strömung (z.B. bei Schleusenbetrieb im Kanal) unten zu halten, oder um den Köder durch einen Schwarm Ukeleis, der sich über der Angelstelle eingefunden hat, schnell zum Grund zu den größeren Fischen durchzubringen.
In 2/3 der Tiefe werden entweder mehrere Schrote zusammengerückt als Gruppe angebracht, darunter folgen zwei bis drei kleine Schrote, die das Vorfach sinken lassen. Oder wenn die Strömung es erlaubt, können alle Schrote auch über das untere Drittel der Schnur gleichmäßig verteilt werden. Regel: Weniger Strömung - mehr Schrot oben am Waggler und der

Rest unten verteilt. Kräftige Strömung - weniger Schrot oben und der Rest unten konzentriert. Alle Schrote werden über drei bis vier Schritte abgestuft - die größeren Schrote oben, die kleineren unten.

Bodied Waggler:
Material/Merkmale: Dies sind Waggler mit tragfähigem Körper am Ende ihrer langen Antenne, der ihnen deulich höhere Ladekapazität verleiht. Ein Straight Waggler müßte für die gleiche Tragkraft so lang sein, daß er nur mit Schwierigkeiten einzusetzen wäre und beim Anhieb brechen würde.
Bodied Waggler werden aus allen gebräuchlichen Materialien gefertigt: Peacock-Antenne mit großer Tragkraft und Körper aus Balsa oder Hartschaum (*Bodied Peacock*). Durchgehend Balsa (Canal Waggler wie *Canal Special* und *Canal Grey* und der starke *Ducker*). Crystal aus Kunststoff.

Bodied Peacock: *Einsatz:* Diese große, tragfähige Pose kommt zum Einsatz, wenn der Straight Waggler überfordert ist: bei weiten Würfen, tiefem Wasser und starkem Wind. Starke Strömung verträgt er allerdings nicht, da sie gegen den Schwimmkörper arbeiten würde. Schwache Strömung dagegen greift den Körper der Pose und treibt sie auch gegen steifen Wind stromab. Die dicke Antenne mit ihrer großen Tragkraft verhindert, daß die Pose auf große Entfernung vom Gewicht der abgesunkenen Schnur unter Wasser gezogen wird und ermöglicht, die Bisse gut zu erkennen.
Wie alle Posen mit tragfähiger Antenne wird der Bodied Peacock häufig "overdepth" gefischt - also mit übertiefer Einstellung und Vorfach auf Grund. Mit seiner relativ unsensiblen Antenne wird er auf größere Grundfische eingesetzt, wo feinste Bisse nicht zu erwarten sind. Die Länge der Antenne erlaubt, die Schnur bei Wind und hohen Wellen tief unter Wasser zu legen. Die Aufgabe dieser Pose ist also, mit ihrem größeren Gewicht den Köder schnell zum Grund zu bringen und dort zu halten - besonders, wenn kleine Fische im Mittelwasser auf Nahrung lauern. Ideal, wenn hier mit festen Futterballen gefüttert wird, die sich erst am Grund nach und nach lösen.
Bebleiung: Ein raffiniertes System ist wie bei allen fürs Grobe bestimmten Posen nicht nötig - einige große Schrote zum Festsetzen der Pose, bei etwa 2/3 Tiefe 3 bis 4 schwere Schrote als Hauptbebleiung dicht beieinander und 2 mittelgroße Kontaktschrote darunter verteilt.

Ducker: *Einsatz:* Diese robuste und wenig sensible Pose entspricht dem Chubber in ihrer Funktion - dem Spezialisten dient sie in flachem, rauhem Wasser mit kräftiger Strömung dazu, großen Fischen große Köder anzubieten. Die kräftige Antenne erlaubt, den Köder auch über Grund schleifen zu

lassen und mit Brotkruste, Käse und Wurm den Grund nach Fischen wie Döbel, Aland, Barben und großen Rotaugen abzusuchen. Wind- und Wasserverhältnisse spielen dabei keine Rolle - der Ducker meistert sie!
Bebleiung: Wie beim Bodied Peacock, nur noch näher zum Haken orientiert. Viel Blei zum Grund, um die Montage auch in harter Strömung unten zu halten und ruhig laufen zu lassen.
Canal Waggler: *(Canal Special, Canal Grey etc.) Einsatz:* Diese kleinen Balsaposen für das feinste Stillwasserangeln besitzen dünne Spitzen, die sich meist gleichmäßig vom Körper her verjüngen und sie dank der feinen Bißanzeige auch für die Drop-Methode geeignet machen. Ihre geringe Länge eignet sich für kleine, flache Gewässer wie z.B. Gräben mit keiner oder nur geringer Strömung. Wind und Oberflächendrift schaden ihnen dagegen nicht. Sie erlauben die sensible Präsentation kleiner Köder wie langsam sinkende Caster auf nicht mehr als dreifache Rutenlänge. 6 bis 8 m sind je nach den Umständen ideal. Auch frei über Grund hängend und selbst aufliegend kann der Köder mit diesen vielseitigen Posen angeboten werden.
Starker Wind stromab kann die Pose gegenüber dem langsameren Wasser am Grund beschleunigen, da die Oberflächenschicht bei Windeinfluß schneller fließt. Wenn die Pose zu leicht ist, um von der geringen Menge Schrot zurückgehalten zu werden, wird zur nächst schwereren gewechselt.
Bebleiung: 3/4 der Tragkraft zum Verriegeln der Pose - nicht mehr als 4 kleine Schrote auf der unteren Hälfte der Schnur verteilt.

Bodied Waggler mit Insert:

Material/Merkmale: Unterscheiden sich von den Wagglern ohne Insert durch den feinen Einsatz an der Antennenspitze, die den oberen Bereich sehr sensibel macht mit der gleichen Funktion wie beim Insert Waggler, der keinen Körper besitzt. In dieser kleinen Gruppe finden sich nur der *Stillwater Blue* und der *Windbeater* mit seiner kaum tragenden Antenne und dem Sichtknopf an der Spitze.
Stillwater Blue: *Einsatz:* Eine höchst sensible Pose für das Stillwasser, die sich im Nahbereich auch für die Lift-Methode eignet. Und dies auch in leichter Strömung, wenn die Pose an der Rutenspitze gehalten wird und bei übertiefer Einstellung und kurzem Vorfach 2 Schrote auf dem Grund liegen. Selbst kleinste Schrote lassen die Pose steigen, wenn ein Fisch den Köder hebt. Der Oberflächendrift bietet die Pose dabei kein Profil und steht ruhig - auch wenn Wellen an ihr auf und nieder gleiten. Die feine Antenne macht auch zarteste Zupfer sichtbar, indem sie leicht vibrierend kleine Kreise auf

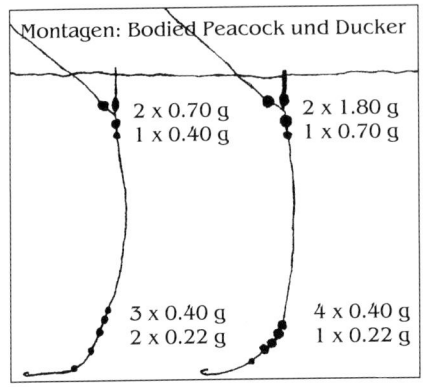 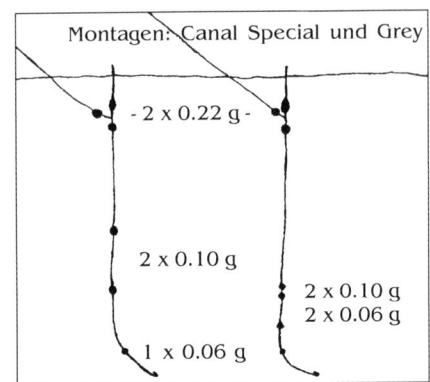

das Wasser zeichnet. Die Drop-Methode ist dem Stillwater Blue auf den Leib geschnitten: 0.10er Schnur, 0.06er Vorfach und Hanf auf dem 18er Haken - die Methode, mit der man große Rotaugen fängt!

Bebleiung: Auslastung des Körpers bis zum Ansatz der Antenne mit größeren Schroten zum Festsetzen der Pose. 3 bis 4 kleinste Schrote ab knapp unterhalb der halben Tiefe, um die Antenne sinken zu lassen.

Windbeater: *Einsatz:* Der Windbeater (auch *Driftbeater*) ist der große Bruder des Stillwater Blue. Er ermöglicht dank seiner feinen Antenne die gleichen feinen Methoden - wegen der höheren Tragkraft auch auf größere Distanz. Der Sichtknopf erleichtert die Bißerkennung auf große Entfernung. Die lange Antenne erlaubt, die Schnur bei Wind tief unter Wasser zu legen. Ihr feiner Durchmesser bietet auch starken Böen kaum Widerstand und läßt sich nicht unter Wasser drücken. In tiefem Wasser kann der Windbeater auch als Laufpose eingesetzt werden, wenn nicht weit geworfen wird.

Bebleiung: Ebenso wie Stillwater Blue - nur alle Schrote eine Stufe schwerer. Auch hier können das Vorfach und ein bis zwei Schrote auf Grund gelegt werden, um z.B. Brassen den Köder ruhig liegend anzubieten.

Loaded Waggler:

Material/Merkmale: Dies sind vorgebleite Waggler mit einer Metall-Ladung (Aufdruck engl. loaded = geladen) im unteren Ende, mit denen sie ein höheres Wurfgewicht erhalten und ihre Tragfähigkeit verringern, sodaß sie für ihre Größe nur relativ wenig Blei auf der Schnur benötigen. Obwohl die Ladung meist aus Messing besteht, hat es sich bei uns eingebürgert, sie „vorgebleit" zu nennen. Die Ladung ist unterschiedlich schwer und je nach ihrer Aufgabe besitzen sie unterschiedliche zusätzliche Tragkraft.

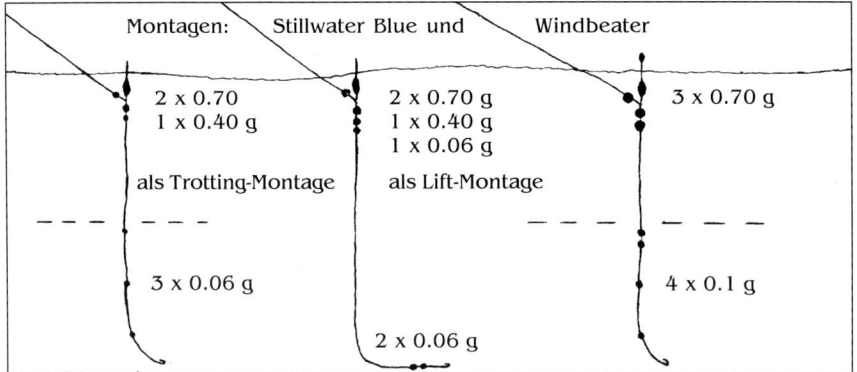

Sie werden in allen Formen als Straight und Insert Waggler, Bodied Waggler und Bodied Waggler mit Insert und aus allen üblichen Materialien gefertigt: Peacock, Peacock mit Balsakörper, durchgehend Balsa und als durchsichtige Crystals.

Ihre Aufgaben entsprechen denen der unbeschwerten Versionen. Ihre Vorteile: die Ladung macht sie für weitere Würfe geeignet und ermöglicht eine sensiblere Präsentation durch weniger Schrot auf der Schnur. Und sie eignen sich hervorragend als Laufposen - z.B. wenn ein schwieriger Wurf mit einer kurzen Laufposenmontage besser geraten kann.

Ihr Nachteil liegt darin, daß sie beim Einschlag tief tauchen und zum Aufsteigen länger brauchen als unbeschwerte Posen. Damit sind sie für die Drop-Methode und für flaches Wasser, wo sie die Fische beunruhigen können, ungeeignet. Und die kleinere Zahl an Schroten erlaubt nicht die Vielfalt an Veränderungen, die sich mit einer größeren Menge an Schroten bietet.

Praktisch sind die modernen Waggler, deren Gewicht durch ein Gewinde austauschbar ist, sodaß die aufgeschraubte Pose oder auch das Gewicht je nach Zweck während des Fischens vergrößert oder verkleinert werden kann: ein größerer Körper erlaubt die Anbringung von zusätzlichem Schrot, wenn die Fische z.B. am Grund beißen und man zügig hinunterkommen will. Oder man wechselt die Form, weil aufkommender Wind nach einer stabileren Form der gleichen Tragkraft verlangt (z.B. Straight statt Insert).

Schwere Loadeds brauchen einen Puffer auf der Schnur, um nicht bei den wiederholten Würfen die Schnur zu durchschlagen. Dazu wird ein passendes Stück Posengummi von 10 mm Länge durch das Öhr des Befestigers gesteckt und auf die Schnur gefädelt. Wird der Loaded Waggler nicht als Laufpose, sondern fest gefischt, werden 2 x 2 Schrote links und rechts ganz dicht am Puffer angedrückt, sodaß er nicht das geringste Spiel hat. So wird verhindert, daß sich die Schrote lockern und sich die Pose verstellt.

Bebleiung: Sinn eines Loaded Waggler ist, nur wenig Blei auf der Schnur zu fordern. Das bedeutet, er wird mit 4 kleineren Schroten festgesetzt und nur einige kleinere Schrote sind als Sinkschrote im unteren Drittel verteilt. Die Größe wird so gewählt, daß es sich an der Antenne zeigt, wenn ein bis zwei der Schrote angehoben oder zur Seite gezogen werden.

Dart: *Einsatz:* Diese feine Balsapose ist die beschwerte Ausführung des Stillwater Blue und eignet sich für das Fischen im Nahbereich in kleinen Gewässern wie Teichen, Altarmen und Gräben - daher wird sie nur in kleinen Größen gefertigt.

Die Ladung dient zur Stabilisierung, wenn Wind und Drift auf die Antenne drücken (auch wenn man es gelegentlich anders liest - sie schafft die Drift!). Nur kleine Köder werden frei über Grund hängend oder mit einigen Zentimetern Vorfach aufliegend angeboten. Bewegt ein Fisch den Köder, signalisiert die feine Antenne auch den leisesten Kontakt.

Bebleiung: Die Schrote zum Festsetzen links und rechts der Pose lassen sie bis zum Ansatz der Antenne sinken - nur kleinste Schrote über die Schnur verteilt lasten die Antenne aus. So signalisiert sie auch Bisse bei der Drop-Methode.

Missile: *Einsatz:* Der Missile mit seiner gut fliegenden Peacock-Antenne und dem Balsa-Körper eignet sich für weiteste Würfe und tiefste Gewässer. Seinem stabilen Stand kann auch eine gleichmäßige Strömung nichts anhaben. Drückt der Wind stromab, erlaubt die lange Antenne, die Schnur tief unter Wasser zu ziehen. Auch höhere Wellen gleiten an ihr ab. Der Pfauenfederkiel mit seiner hohen Tragkraft sorgt dafür, daß auch ein schleifender Köder die Pose nicht unter Wasser zieht.

Bebleiung: Seine besten Eigenschaften zeigt der Missile, wenn er als Laufpose eingesetzt wird. Mit ein wenig Übung fliegt er dann, ohne die Schnur zu verheddern. Die Hauptbebleiung wird im unteren Drittel angebracht - 3 bis 4 große Schrote dicht beieinander. 20 cm darüber ein kleines Schrot, auf dem die Pose während des Fluges ruht. 30 bis 50 cm über dem Haken ein Kontaktschrot der größe 2 bis 8 - je nach Strömung und Zweck: z.B. erfordert ein Hebebiß bei der dicken Antenne ein eher größeres Schrot.

Zoomer: *Einsatz:* Diese Pose mit Bambus-Antenne und Balsa-Körper ist eine echte Spezialität. Zunächst ihre seltsame Seite: Der Zoomer ist der einzige "Waggler", der *immer* mit 3 Posengummis befestigt wird! Einer oben unter der Spitze - einer über dem Körper - einer unten am Kiel. Dies garan-

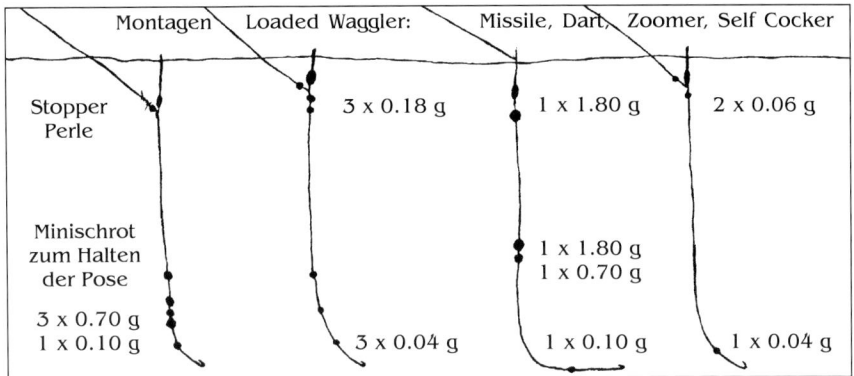

tiert, daß er auch auf größere Distanz noch gehalten und über den Schnurbogen, in den der Wind bei hochgehaltener Rute greift, geführt werden kann, ohne unterzutauchen. Wegen seiner Dreipunktbefestigung läßt er sich im fließenden Wasser natürlich nur bei Wind stromauf und leicht von hinten verzögert einsetzen - bei Wind stromab wird er wie auch die Sticks unkontrollierbar. So zeigt sich: große Seen mit günstiger Windrichtung, die ihn über das Futter treibt, und Flüsse bei Wind stromauf sind sein Revier.

Das Geheimnis seiner Sensibilität liegt in der geringen Tragkraft der langen Bambus-Antenne. Ein Biß bewegt die Pose deutlich genug, um sich auch auf große Entfernung bemerkbar zu machen - um besser gesehen zu werden, darf ein längeres Stück der Antenne aus dem Wasser ragen.

Bebleiung: 3 schwere Schrote ziehen den Köder schnell in die Tiefe. Ein Schrot Nr. 1 liegt auf dem Grund und zeigt auch Hebebisse an. Bei Strömung greift der Wind in die Schnur und verzögert damit die Drift, während sich die sensible Antenne hebt und den Köder dabei weiterlaufen läßt. Ein großes Schrot SSG direkt unter der Pose sorgt für weichere Landung nach dem Wurf und hilft, die Pose schneller aufzurichten.

Self Cocker: *Einsatz:* Diese voll ausgebleiten Balsaposen benötigen kein weiteres Schrot auf der Schnur - nur 2 oder 3 kleinste Schrote (je nach Wurfweite, bei er sich ein einzelnes Schrot verschieben könnte) dienen zum Festsetzen der Pose.

Ein größerer Köder wie Mais, Teig oder Käse sinkt völlig natürlich zum Grund, während die Pose bereits aufrecht im Wasser steht und signalisiert, wenn ein eifriger Beißer den Köder auf halbem Weg abfängt. Der Self Cocker steht auch bei Wind und Wellen stabil - bei leichter Strömung schleppt er den Köder über Grund.

Bebleiungssysteme

Die vier Aufgaben der Bebleiung: 1. Sie soll die Tragkraft der Pose auslasten. 2. Sie soll ermöglichen, die gewünschte Wurfentfernung zu erreichen. 3. Sie soll den Köder in die gewünschte Tiefe bringen und ihn dort halten. 4. Sie soll dem Köder ein möglichst unverdächtiges Verhalten geben.

Die Bebleiung hängt von der Art des Gewässers ab - seiner Tiefe und Strömung, und von der Art der Köderpräsentation - ob frei treibend, verzögert oder gehalten oder auch fest auf Grund liegend.

Es werden zwei Arten Bebleiungssysteme unterschieden: 1. die verteilte Bebleiung, bei der das Gewicht in kleine Portionen aufgeteilt über einen längeren Teil der Schnur zwischen Pose und Vorfach verteilt ist und 2. die kompakte Bebleiung, bei der sich das Blei auf einen Hauptmassepunkt konzentriert, dem zur Sensibilisierung eine Nebenbebleiung aus kleinen Schroten folgen kann.

Die Stipper und Bologneseangler setzen als Hauptgewicht ihre Torpillen ein. Die Engländer, die an ihren eigenen Montagen keine Torpillen kennen, gruppieren eine entsprechende Anzahl Schrote zu einer kompakten Bebleiung.

Erstrebenswert ist es, immer mit so wenig Blei wie möglich auszukommen, da Blei das freie Spiel des Köders behindert und dem interessierten Fisch Widerstand bietet, der ihn vertreibt, wenn er ihn zu deutlich spürt.

Einige allgemeine Regeln, die uns bei der Entscheidung für eine Bleianordnung helfen: Englische Posen werden grundsätzlich mit einer abgestuften Bebleiung austariert, bei der oben die größeren Schrote sitzen. Bis zum Vorfach nimmt die Schrotgröße ab und über dem Haken - meist in 20 cm Abstand - sitzt ein kleines Kontaktschrot für die Bißanzeige.

An der Kopfrute wird wahlweise ebenfalls eine abgestufte Bebleiung eingesetzt, die bei größeren Posen mit einer Torpille beginnt und dann in je drei Schroten einer Größe in vier Stufen bis zum Vorfach abnimmt - eine Anordnung, die durch Verschieben der Schrote viel Spielraum für die individuelle Anpassung läßt und die Montage im unteren Bereich so fein wie möglich hält. Diese Anordnung bewährt sich, wenn die Fische heikel beißen und wenn ein sehr unregelmäßiges Bodenprofil dazu zwingt, die Montage durch Verzögerung immer wieder über Bodenwellen zu heben.

Die italienische Art der Bebleiung sieht dagegen die Verwendung nur einer Schrotgröße in der entsprechenden Anzahl vor, die dann je nach Anforderung im unteren Teil der Schnur unter der Torpille verteilt werden. Im Still-

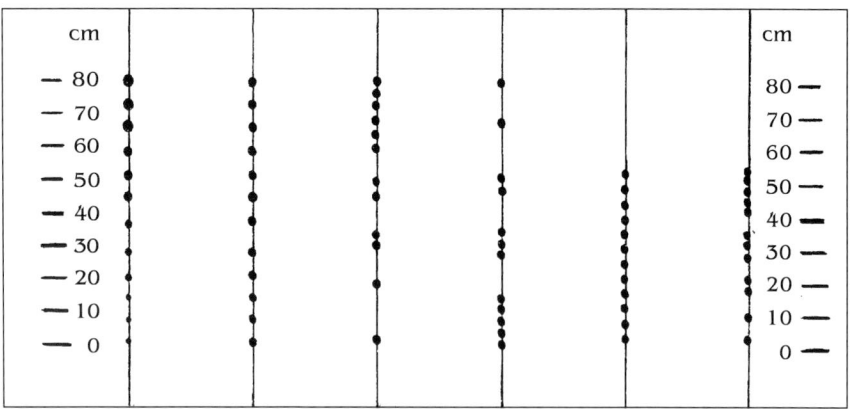

Bebleiungssysteme: verteilte Bebleiung

wasser und bei kleinen Posen, wo keine Torpille erforderlich ist, werden die Schrote auch über ein längeres Stück der Schnur auseinandergezogen. Die sehr verteilte Bebleiung ist die sensibelste aller Möglichkeiten - im Extremfall, der bei äußerst heiklen Bissen eintreten kann, muß das gesamte Schrot bis auf ein kleines Kontaktschrot über dem Haken auf 20 cm Schnur direkt unter der Pose, im Normalfall aber über die gesamte Montagelänge bis zum Vorfach verteilt werden.

Der Nachteil der verteilten Bebleiung: sie läßt sich nicht gut werfen und führt zum Verhängen der Montage, wenn sie nicht mit größter Vorsicht behandelt wird. Und bei Verzögerung in der Strömung treibt sie hoch auf, da ihr das Gewicht fehlt, den Köder am Grund zu halten. Daher wird eine sehr lang verteilte Bebleiung nur im Stillwasser, bzw. bei der schwächsten Strömung eingesetzt. Da der Fisch bei zaghaften Bissen nur wenig Schrot bewegt, fällt die Bißanzeige entsprechend fein und undeutlich aus. Es sollten daher bei verteilter Bebleiung nur Posen mit sehr feiner Antenne eingesetzt werden, damit die sensiblen Bisse sichtbar werden!

Je weiter wir mit der Rollenrute werfen, desto kompakter muß die Bebleiung einer Wettkampfpose werden, damit sich die Montage nicht verhängt. Damit verliert sie an Sensibilität und wir sind gezwungen, einen Biß reaktionsschnell mit dem Anhieb zu beantworten, damit der Fisch den Köder nicht fallen läßt, sobald er das Bleigewicht spürt.

Andererseits schlägt sich ein entschieden zugreifender Fisch häufig an dem kompakten Gewicht selber an und enthebt uns so der Sorge. Durch den Biß wird viel Blei bewegt und die Anzeige fällt entsprechend deutlich aus. Die Vorteile der kompakten Torpille: sie driftet ruhiger als eine Kette von Schroten und hält damit den Köder ruhig - ein pendelnder Köder wirkt unnatürlich und wird den Fisch kaum zum Biß verleiten! Und sie sinkt schnell und bietet den Köder nur den Grundfischen an - kleinen Fischen im Mittelwasser bleibt keine Zeit, ihn vorher im Sinken abzufangen.

Die Engländer folgen beim Distanzangeln einem anderen Prinzip, das die Nachteile der kompakten Bebleiung zumindest in flacheren Gewässern mit nicht zu harter Strömung beseitigt: sie setzen einen Waggler ein und gruppieren 3/4 des nötigen Schrotes links und rechts neben dem Posenfuß und lassen den Köder nur mit Hilfe einiger sehr kleiner Schrote sinken.

Damit nützen auch sie bei Weitwürfen nur einen Hauptmassepunkt, der jedoch so hoch gelegen ist, daß der Fisch ihn bei der Köderaufnahme nicht spürt. Das Verhängen der Montage verhindern sie mit ihrer kontrollierten Wurftechnik. Im Wurf die Rutenspitze tief halten, um den Bogen der Hauptschnur herunterzudrücken und vor der Landung durch weiches Abbremsen mit dem Finger an der Spule Montage und Vorfach strecken und vorausfliegen lassen, so daß die Montage in einer gestreckten Linie landet.

Aber auch die Engländer müssen ihre Bebleiung nach unten verlagern, wenn das Wasser tief und die Strömung spürbar wird, um den Köder zum Grund zu bringen! Zwangsläufig müssen also Schrote in den unteren Bereich der Montage verlagert werden, was wiederum das Risiko des Verhängens verstärkt. Bei Weitwürfen werden deshalb möglichst Loaded Waggler als Laufpose eingesetzt, um wieder einen kompakten Massepunkt zu erhalten, der sich sicherer wirft.

Eine Montage neigt weniger zum Verhängen, wenn das oberste Schrot unterhalb der Mitte zwischen Pose und Haken sitzt - natürlich auch bei der Wettkampfpose. Die Verteilung der Schrote auf der unteren Hälfte ist also ein guter Kompromiß, wenn etwas weiter geworfen werden soll, das Wasser tiefer ist und die Montage dennoch sensibel bleiben muß, um die Fische nicht zu vergrämen.

Zwei Gründe können uns zwingen, das Blei so tief wie möglich anzubringen: um den Köder tief zu halten, weil wir Fische beangeln, die ihre Nahrung vom Grund aufnehmen und weil die Strömung generell im Mittelwasser am stärksten ist - sie übt hier den größten Druck auf die Montage aus und würde auf die Fläche der Bleie einwirkend den Köder zu schnell treiben lassen, wenn sie der Strömung im Mittelwasser ausgesetzt wären. In Grundnähe ist die Strömung durch die Reibung am Bodenprofil verlangsamt und

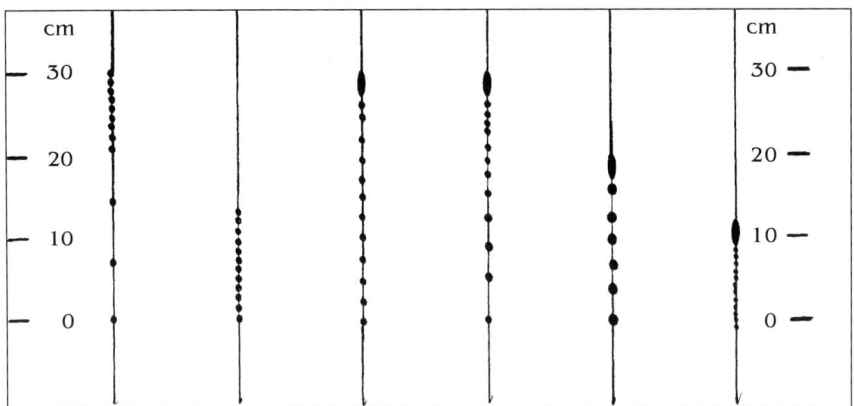

Bebleiungssysteme: kompakte Bebleiung 2 x ohne, 4 x mit Torpille

das Blei treibt weniger schnell stromab. Während diese Aufgabe bei Stipper-Posen von der tief angebrachten Torpille erfüllt wird, werden bei englischen Posen die oberen Schrote nach unten geschoben und in Gruppen dicht zusammengerückt, um einen tiefliegenden Massepunkt zu erzeugen. Der große Vorteil dieser Methode: die Schrote können jederzeit für eine geänderte Präsentation wieder auseinandergezogen werden, während die Torpille uns an ein unveränderliches Gewicht bindet.

Jetzt dürfte auch klar sein, warum grundsätzlich unbeschwerte Posen günstiger sind als vorgebleite: die unbeschwerten Waggler erlauben, ihre Ladung in kleinere Schrote aufzuteilen, die zum Umgruppieren der Montage genutzt werden können, während Loaded Waggler mit ihrem fest eingebauten Gewicht gefischt werden müssen (ihr Vorteil natürlich die größere Wurfdistanz und ihr möglicher Einsatz als Laufpose).

Eine generell sehr wichtige Entscheidung betrifft die Größe der Schrote, die in enger Beziehung zur gewählten Posengröße steht. Es hat sich gezeigt, daß eine Summe von 10 bis 12 Schroten zur Ausbleiung günstig ist - bei großen Posen teilt sich die Bebleiung in Schrote plus Torpille. Je größer die Pose, desto größer die Schrote, da es kaum sinnvoll ist, eine 8 g Pose mit einer Torpille und 30 Microschroten zu beschweren. Zu beachten ist, daß 12 kleine Schrote in einer Kette weicher und natürlicher schwingen und weniger zum Verhängen neigen als 4 große.

Es ist empfehlenswert, dies mit einem sehr anschaulichen Versuch zu Hause auszuprobieren, indem wir zwei Schnüre von 1 m Länge bebleien: einmal mit 2 g Gewicht in 12 kleinsten Schroten auf etwa 20 cm Schnur verteilt und einmal mit nur 4 großen Schroten mit 2 g Gesamtgewicht. Wenn die beiden Schnüre nun hochgehalten und frei hängend leicht geschwungen werden, zeigt sich sofort die weichere, flüssige Bewegung der kleinen Schrote! Besonders entscheidend ist dies bei Montagen, die von keiner Torpille stabilisiert werden. Eine Torpille über den Schroten hält die Montage ruhig und stabilisiert damit auch die nachfolgenden Schrote - im Wasser. Beim Wurf verhindert sie das Verhängen großer Schrote natürlich nicht!

Die Pendelbewegungen, die eine aus zu großen Schroten aufgebaute Montage verursacht, sind tödlich für den Erfolg der Köderpräsentation! Das Seitenlinienorgan der Fische ist *extrem* feinfühlig. Die Fische mögen das unnatürliche Pendeln der Schrote und des Köders in trübem Wasser zwar nicht *sehen*, aber mit ihrem hochempfindlichen Seitenlinienorgan *orten* sie die unnatürlichen Schwingungen, die sie mißtrauisch machen und instinktiv Abstand halten lassen!

Natürlich muß die Bebleiung in Nähe des Hakens auch einen Hebebiß anzeigen. Reicht das Anheben eines Schrotes nicht aus, die Antenne der Pose zu heben, gruppieren wir die zwei untersten Schrote enger beieinander, die dann ein deutliches Anheben der Pose bewirken, wenn ein Fisch den Köder hebt.

Bei all diesen theoretischen Erwägungen zeigt sich, wie wertvoll es ist, alle Posen bereits zu Hause mit Hilfe der Posenwaage zu erforschen, indem einfach mit der Flachpinzette Schrote auf dem Teller ausgetauscht und die Reaktionen der Posen beobachtet werden.

Der ehrgeizige Angler wird sich nicht einmal scheuen, fertige Montagen aufzubauen und sie in der Badewanne mit eingetauchter, laufender Brause als Strömungsersatz zu testen!

Für welches System entscheiden wir uns nun am Wasser? Ganz klar entschiedene Antwort: es hängt davon ab! Und zwar von den Fischen und ihren Freßgewohnheiten, der Entfernung, in der sie stehen und der Pose, die wir brauchen, um zu ihnen zu gelangen.

Ein frei im Stillwasser hängender oder in schwacher Strömung der leicht verzögerten Pose voraustreibender Köder verlangt nach einer verteilten Bebleiung aus entweder 10 bis 12 gleichgroßen oder von oben nach unten verkleinerten Schroten. Die Abstände zueinander sind dabei entweder gleich oder können von oben nach unten größer werden, um die Montage sensibler zu machen. Das umgekehrte Prinzip - Abstände von oben nach unten immer enger - kann nützlich sein, wenn unten mehr Gewicht nötig ist.

Wollen wir schnell zum Grund, setzen wir ab 2 g Posen eine tiefhängende Torpille ein, die zusätzlich mit Schroten verfeinert wird. Je weiter die Würfe, desto enger schieben wir die Schrote nach unten hin zusammen, damit sich die Montage nicht verhängt.

Stürmt die Strömung wild dahin, ist eine sensible Bebleiung sinnlos und es reicht eine einzelne Torpille ohne Schrot zur Auslastung der Pose aus. Dies die Hauptsysteme, mit denen wir alle Gewässer befischen können. Nun kommt es darauf an, die Pose „zum Laufen" zu bringen!

Die Montage muß sich vernünftig werfen lassen, falls wir mit Rolle fischen, und darf sich *nie* verhängen. Verheddert sie, ist sie für die Entfernung ungeeignet. Richtet sich die Pose sofort nach dem Einwurf auf, hat sich die Schnur verhängt.

Einmal im Wasser, beobachten wir die Pose: verhält sie sich so, wie wir es von ihr erwarten? Steht oder läuft sie gut? Findet das Blei seinen Weg hinunter zu den Fischen oder wird es willenlos hochgedrückt? Läuft es frei oder verursacht es in kurzen Abständen Hänger am Grund und signalisiert damit, daß sein Gewicht in Grundnähe zu kompakt geraten ist?

Ist ein geeignetes System für Wurf und Posenlauf gefunden, beachten wir nur noch die Reaktion der Fische auf die Köderpräsentation. Ein variables Bleisystem hilft, die Montage jederzeit so zu verändern, daß der Köder von den Fischen genommen wird: Schrote hoch - Montage ist sensibler, läuft aber unruhiger. Schrote runter - Köder läuft ruhig, aber mehr Widerstand für die Fische.

Zwischen diesen Extremen suchen wir nach dem richtigen Kompromiß. Durch Verschieben und Umgruppieren der Schrote verändern wir das Köderverhalten so lange, bis die Fische reagieren!

Das Geheimnis für den Erfolg besteht darin, die richtige Bebleiung zu finden, die dem heutigen Beißverhalten der Fische in unserem Gewässer entspricht und sie durch das richtige Köderverhalten nicht mißtrauisch macht, sondern sie zum Biß verführt.

Richtiges Köderverhalten heißt, über die Beeinflussung der Posendrift den Köder so verlangsamt treiben zu lassen, daß er im gleichen Tempo wie die natürliche Nahrung und ohne unnatürliches Pendeln mit der Strömung über den Gewässergrund trudelt.

Die Angaben in den Montageskizzen für die Größen der Schrote stehen natürlich immer in Beziehung zu der Größe der jeweiligen Pose. Sie zeigen nur das grundsätzliche Größenverhältnis untereinander - die tatsächliche Größe wird auf der Posenwaage getestet!

Auswiegen der Posen

Es wurde schon erwähnt, daß es empfehlenswert wäre, jede Pose auf ihre tatsächliche Tragkraft zu überprüfen, um sich das Aufbauen der Montage am Wasser zu erleichtern. Und das besonders, da den aufgedruckten Tragkraftangaben häufig nicht zu trauen ist! Allerdings: von den merkwürdigen Zahlen auf englischen Posen lassen wir uns auf gar keinen Fall irritieren - dies sind nur rein künstlerische Gestaltungen zur Dekoration, keine Tragkraftangaben - auch wenn sie so aussehen!!

(Jetzt mal ehrlich - was sich die Engländer bei ihren Angaben denken, ist mir ein Rätsel. Mit der Tragkraft ihrer Posen haben sie jedenfalls nicht das geringste zu tun! Die Werte stimmen weder rechnerisch, wenn man sie nach ihren Tabellen berechnet, noch stimmen sie mit ihren SSG/AAA/BB-Schroten überein. Und die Gewichte der Schrote stimmen ebensowenig! Wirklich spleenig, diese angelnden Sachsen! Was ja im übrigen bereits die Herren Asterix und Obelix zu dem in die Weltliteratur eingegangenen Ausspruch „Die spinnen - die Engländer!" bewegt haben soll!).

Die Italiener haben zum Ausrichten der Posen ein intelligentes Hilfsmittel erfunden: Dosa Piombo - die Posenwaage. Sie hilft uns aber nicht nur, die Tragkraft, sondern auch die optimale Bleizusammenstellung in Größe und Anzahl der Torpillen und Schrote zu ermitteln, was am Wasser sehr viel mühsamer wäre.

Die Posen werden mit dem Kiel in die Waage eingeklemmt. Da die Öffnung für die feinen Kiele der Stipperposen berechnet ist, lassen sich die plumperen englischen Posen nicht direkt befestigen. Mit Hilfe eines selbstgebastelten Adapters läßt sich das Problem jedoch lösen: 3 cm Mehrzweckstopper und ein 3 cm langer Stopperstift, der zur Hälfte in den Schlauch geschoben wird. In das freie Schlauchende wird der Posenkiel gesteckt. Wenn bei einem besonders dicken Kiel auch ein Tröpfchen Speiseöl nicht hilft, um ihn in den Schlauch zu schieben, kleben wir ein kurzes Stück eines stärkeren Schlauches auf den dünnen Schlauch. Der größere Durchmesser nimmt nun auch die kräftigsten Balsas auf! Das freie Stiftende wird in den Dosa Piombo geklemmt und die Pose steht stabil.

Der Wassereimer, den wir zu Beginn der Operation unter den laufenden Wasserhahn gestellt haben, ist inzwischen natürlich übergelaufen - macht nichts, randvoll sollte er ohnehin sein! Wir nehmen die Pose an ihrer Antennenspitze samt Waage auf und stellen sie in den Eimer. Bei den Wettkampfposen beginnen wir mit einer Torpille, die wir auf den Waagenteller legen.

de auch bei Wind, das ruhige Halten der Rute, bis genügend Vertrautheit mit dem zunächst noch unhandlichen Gerät dieses Hilfsmittel überflüssig macht. Eine Köderpalette, die so aufgebaut wird, daß die freie Hand Köder entnehmen kann ohne hinzuschauen, und vor allem, ohne sie umzuwerfen, ist ein äußerst wertvolles Requisit. Müßte sich der Angler für jede Made umwenden oder bücken, ließe es sich kaum vermeiden, daß dabei die Rutenspitze gelegentlich auf das Wasser schlägt - mit dem Ergebnis, daß die Fische flüchten! Der Futtereimer wird ebenfalls in Reichweite abgestellt: zwischen den Füßen auf der Plattform oder wie es die Umstände erlauben.

Einen flachen Wettkampfkescher mit ausreichend langem, leichtem und teleskopierbarem Kescherstab, möglichst aus Carbon, legen wir so bereit, daß er ebenfalls mit der freien Hand blind aufgenommen werden kann. Profis legen den Kescherkopf auf einen Erdspeer mit breiter Rutenauflage, damit sich das Netz auf keinen Fall in einem Hindernis verfängt. Einen Hakenlöser stecken wir uns hinter das Ohr, um ihn stets griffbereit zu haben, ohne ihn erst suchen zu müssen. Eine Polaroidbrille liegt in einem leicht erreichbaren Fach der Kiepe, um unsere Augen vor glitzernden Lichtreflexen zu schützen, sobald die Sonne durch die Wolken bricht.

Um sowohl die kleinen Plötzen in Ufernähe, als auch ihre größeren Brüder und die schweren Brassen weiter draußen zu befischen, entscheiden wir uns für zwei Ruten: Eine 7 m Teleskoprute mit biegsamer Vollcarbonspitze als Dämpfung für den Drill, an der mit Hilfe zweier Siliconringe und einiger Umwicklungen die Montage befestigt wird (siehe Zeichnung - S. 77). Und eine 11 m Steckrute mit zwei Spitzenteilen und unterschiedlich starken Gummizügen, um durch einen Wechsel der Montage schnell reagieren zu können, sobald die Plötzen, die wir als erste erwarten, von einem Schwarm Brassen von der Futterstelle verdrängt werden. Um die Reserverute und die zweite Spitze vor Beschädigung zu bewahren, legen wir sie auf zwei Erdspießen mit Rutenhaltern ab - parallel zum Ufer, falls die Vegetation dies erlaubt.

An den drei Spitzen werden nun Montagen angebracht: Eine 7 m Schnur mit einer Pose mit 0.4 g Tragkraft, die an der Teleskoprute im nur 2 m tiefen Wasser in 9 m Entfernung eingesetzt wird. Das unterste Schrot sitzt 50 cm über dem kleinen Haken, der mit einem Pinkie bestückt werden soll. Es ist besser, mit kleinen Haken zu beginnen, damit die Fische nicht gleich zu Beginn vergrämt werden, falls sie wie z.B. heute durch das Absinken der Temperatur heikel sind.

Das Vorfach hat eine Stärke von 0.08 mm. Diese Montage erlaubt ein natürlich-langsames Absinken des Köders. Um ihn noch freier sinken zu lassen, können alle Schrote noch weiter hochgeschoben werden. Beißen die Fische gut, schieben wir sie wieder runter, knüpfen einen etwas größeren Haken an und hängen eine dicke Made ein.

An die 11 m Rute montieren wir eine auf 6 m verlängerte Schnur mit einer tropfenförmigen 1.5 g Strömungspose und Kettenbebleiung mit 20er Haken, die in 11 m Entfernung über Grund treibend auf Plötzen eingesetzt wird. Das Vorfach ist 35 cm lang, kann aber durch Verschieben der Schrote verkürzt oder verlängert werden. Die längere Schnur bietet uns dabei eine lange Posendrift, mit der wir die beiden Futterpunkte 2 und 3 (siehe Zeichnung S. 77) in einem Posendurchlauf erreichen. Da es windstill ist, bereitet die Kontrolle der langen Schnur keine Schwierigkeiten.

An der kräftigeren Wechselspitze montieren wir eine ebenfalls verkürzte Schnur mit kompakter 2 g Tropfenpose, die mit Torpille und einigen Schroten ausgebleit wurde. Diese Montur wird stark zurückgehalten und mit aufliegendem Vorfach eingesetzt, sobald sich Brassen zeigen und mit Plötzen nicht mehr so häufig zu rechnen ist. Länge des Vorfachs: zunächst 60 cm.

Zum Ausloten der Angelstrecke verwenden wir die neuen Wettkampflote, die am Haken eingehängt und mit einem Schieber gesichert werden: je tiefer das Wasser, desto schwerer das Lot. Und an der Stippe dürfen wir ohne weiteres ein schweres Lot verwenden, da wir es mit langer Rute vorsichtig und leise einsetzen können. Das Gewicht läßt die Montage schnell absinken und hilft, die Schnur straff gespannt zu halten, um die exakte Tiefeneinstellung zu finden.

Ist die Tiefe durch Verschieben der Pose nach oben oder unten gefunden, sollten wir ihre Position unbedingt mit einem Tropfen wasserlöslichem Tipp Ex auf der Rute markieren, den wir beim Einpacken wieder abwischen. Die Markierung hilft uns, die korrekte Tiefe wiederzufinden, wenn wir die Einstellung wegen nachlassender Bisse variieren mußten. Dort, wo sich der Wasserstand z.B. durch Schleusenbetrieb ändern kann, wird der Pedant auch den aktuellen Wasserstand an den Ufersteinen markieren, da eine Änderung auch bei der Poseneinstellung berücksichtigt werden muß.

Wir erforschen beim Loten die Bodenkontur rund um unsere Futterstelle. Wir suchen Vertiefungen, in denen abtreibendes Futter liegenbleiben und Erhebungen, an denen der Köder hängenbleiben, wird. Die Hindernisse merken wir uns, um später die Montage durch leichte Verzögerung und eventuell durch Hochschieben der unteren Schrote unterstützt, darüber hinwegführen zu können - die Strömung wird den unteren Teil der Montage weit genug hochdrücken, um die Hindernisse zu überwinden.

Zu große Hindernisse am Gewässergrund könnten uns zwingen, den Angelplatz zu wechseln - wollen wir hoffen, daß uns dies erspart wird, nachdem wir unseren Stand mit großer Sorgfalt aufgebaut haben!
Nachdem wir das Futter noch einmal durchgesiebt haben, werfen wir die ersten Futterballen ein. Für die Entfernung orientieren wir uns an der Länge der Ruten. Wir füttern die vier Endpunkte einer Raute (siehe Zeichnung - S. 77): Punkt 1 liegt etwa 2 m vor der Spitze der kürzeren Rute. In einem Faltfutterbeutel haben wir einen Teil Futter abgezweigt und mit etwas mehr Kies und zusätzlichen Maden, dafür aber weniger Wasser etwas trockener angemischt als die Hauptmischung.
Die schneller auflösenden Ballen für kleinere Beute werfen wir auf Punkt 1 und 2, feste Ballen, die sich nach und nach auflösen, auf Punkt 3 und 4. Einige Partikel des lockeren Futters auf Punkt 2 werden von der Strömung abgetrieben in Richtung Punkt 3 und bilden so eine reizvolle Futterspur, auf der sich hoffentlich auch Brassen zeigen werden!
Die 11 m Rute bietet uns den Vorteil, immer in gleichem Abstand vom Ufer den Köder an der leichten Montage exakt über dem Futter anzubieten. Um dem Hakenköder das gleiche Tempo wie den mit der Strömung abtreibenden Futterpartikeln zu geben, verzögern wir die Posendrift. Auch bei einem stromabwehenden Wind läßt sich dies feinfühlig und kontrolliert durchführen. Keine Methode verhindert so wirkungsvoll den störenden Einfluß des Windes wie die Stippe mit der langsam und an kurzer Schnur geführten Pose!
Die leichte Montage erleichtert diese Art der Köderführung: schon eine schwache Strömung drückt die kleinen Schrote bei Verzögerung hoch, um dem Köder durch sein Auf und Ab reizvolles Spiel zu geben oder ihn über eine Bodenwelle zu heben. Die hochangesetzte Öse der Strömungspose verhindert, daß die Pose dabei zu hoch aus dem Wasser steigt.
Um den Köder langsam absinken zu lassen, verteilen wir die Schrote der frei treibenden Montage der kurzen Rute über die ganze Länge der Schnur zwischen Vorfach und Pose. Diese Verteilung ließe sich an einer Rollenrute nur schwierig werfen und würde sich ständig verhängen - an der Stippe schnellen wir sie mit einem vorsichtigen Unterarmschwung so hinaus, daß sie flach gestreckt landet. So sinkt sie Schrot für Schrot, ohne zu verhängen.
Die Rute halten wir schräg auf dem Oberschenkel - beide Hände um das Handteil gelegt, das Handteil fest zwischen Unterarm und Schenkel. So halten wir die lange, schwere Rute ruhig und ohne Schwankungen, die sich über die Spitze bis zur Pose übertragen und den Köder über die Schnur in unnatürliches Taumeln versetzen würden.

Wir lassen die Montage an Punkt 1 frei treiben, verzögern gelegentlich oder halten vor einer Bodenwelle, an der sich Futter sammelt und der Köder wegen der Erhebung dennoch fast den Grund berührt. Mit der langen Rute auf Punkt 2 geworfen, führen wir die etwas übertief eingestellte Pose stark verzögert und mit gelegentlichem Anheben der Montage durch Zurückhalten der Pose über die Futterspur bis Punkt 3, wo wir die Drift stoppen und hoffen, daß ein größerer Fisch den gehaltenen Köder nimmt.

Die Punkte 3 und 4 werfen wir mit der aufliegenden Montage an - für Punkt 4 stecken wir ein Verlängerungsteil an die Rute und verlängern sie so auf 12.50 m. Die Torpille zieht den Köder schnell hinunter und nimmt den patrouillierenden Ukeleis die Chance, den Köder zu erhaschen, der für größere Beute bestimmt ist. Lassen die Bisse nach, verändern wir die Tiefeneinstellung, legen ein Schrot auf Grund oder wechseln den Köder. Es könnte auch nötig sein, die Bebleiung zu ändern, wenn die Fische vorsichtig werden, indem wir die Schrote höherschieben. Im Extremfall, wenn die Fische besonders heikel sind, landen alle Schrote bis auf ein kleines Kontaktschrot, das den Biß signalisiert, direkt unter der Pose, damit der Köder völlig frei absinken kann. An einer Rollenrute wäre diese Montage kaum einzuwerfen, aber mit der Stippe kein Problem! Die Montage wird mit der abgesteckten Rute nur auf das Wasser gelegt und mit den anschließend aufgesteckten Verlängerungen auf die Futterstelle gezogen.

Das Bißsignal muß nicht immer eine zügig abtauchende Pose sein - es fällt so unterschiedlich aus wie die Fischart, die sich für den Köder interessiert. Die Art der Bißanzeige hängt von vielen Faktoren ab. Z.B. von der Temperatur: bei kalten Wasser sind die Fische träger als bei warmem. Von der Art der Montage: frei treibend oder auf Grund nachschleifend. Von der Strömungsstärke und letztendlich auch von der Art des Köders. Ein bekannter deutscher Wettkampfangler formuliert es so: "Jede unnatürliche Bewegung der Pose wird mit einem Anhieb beantwortet. Jedes Heben, Wackeln, Zucken, jedes schnellere oder langsamere Treiben. Du mußt anschlagen, ohne nachzudenken. Wer nachdenkt, verliert!" Präziser kann man es kaum sagen!

Ist ein Fisch gehakt, führen wir ihn stromauf aus dem Schwarm, wobei wir gleichzeitig die Rute zum Abstecken nach hinten schieben, die Rutenspitze noch dicht über dem Wasser. Der Fisch wird auf diese Weise automatisch zum Ufer geführt. Den Fisch in Ufernähe, stecken wir ab, heben die Rute, drillen den Fisch aus und führen ihn über den Kescher. Beim Abstecken achten wir darauf, daß die Rutenspitze nicht schlägt, damit nicht die bereits bezwungene Beute im letzten Augenblick vom Haken geschlagen wird!

... und im Stillwasser

Auch wenn die Technik ähnlich ist, stellen sich dem Stippangler am See doch größere Probleme als am Fluß, wo die Strömung ihm mit ihrem Druck, der die Schnur auf Spannung hält, bei der Führung der Pose hilft. Die Ufer sind häufig stärker bewachsen und es kann schwierig sein, eine Stelle zu finden, die das lange Gerät nicht durch überhängende Bäume behindert. Das Ufer kann abrupt abfallen zu einer Wassertiefe, die mit der Stippe nicht zu bewältigen ist. Es können Löcher und Schwellen im Bodenprofil zu starken Tiefenschwankungen führen, die sehr punktgenaue Fütterung und Präsentation erfordern, was bei Wind schwierig werden kann.
Oder ein sehr langsam absinkender Boden kann dazu führen, daß erst außerhalb der Reichweite der Stippe eine fischbare Tiefe erreicht wird. Massive Schlammpolster erschweren das Loten der korrekten Tiefeneinstellung und können alles Futter versinken lassen. Schlußendlich kann eine unkontrollierbare Drift die Beurteilung erschweren, wo unser Futter nach dem Einwurf gelandet sein mag. Einige dieser Probleme können dazu führen, uns eher für eine Rollenrute zu entscheiden, die unseren Aktionsradius erheblich erweitert und uns weitgehend unabhängig von der Wassertiefe macht, da wir mit der Rolle eine Laufpose einsetzen können.
Ist eine gute Stelle gefunden, sind wir durch die im Stillwasser kritischeren Fische gezwungen, alles zwei Nummern feiner anzugehen - dünnere Schnüre, leichtere Posen, kleinere Haken und leichtes, lockeres Futter, das sich nach dem Aufschlag in einer Wolke löst.
Dabei bietet uns die Stippe auch im See einige Vorteile. Sie erlaubt eine deutlich leichtere Montage als die Rollenrute, da die Montage nicht geworfen, sondern mit abgesteckter Rute eingesetzt und dann mit aufgesteckter Gesamtlänge ins Ziel gezogen wird. Und die Drift kann ihr nichts anhaben, wenn die Pose an stark verkürzter Schnur gehalten wird.
Eine lange Rute mit verkürzter Schnur erfordert weniger Freiraum in der Höhe und verursacht zudem mit ihrer lautlos ins Ziel gezogenen, kurzen Montage weniger Unruhe als eine eingeworfene. Gerade in Seen, wo die Fische sensibel auf Unruhe reagieren, ein nicht zu übersehender Vorteil! Auch überhängende Bäume mit ihrem reizvollen Schatten, in dem sich viele Fische besonders wohl fühlen und ihrem günstigen Futterangebot, das sich in Form herabfallender Leckerbissen bietet, sind - für den Wurfangler ein Horror - für den Stipper geradezu geschaffen. Leise und unauffällig schiebt er seine Montage an der extrem verkürzten Schnur unter das Blätterdach

und harrt der Dinge, die sich hoffentlich entwickeln mögen, nachdem er mit dem Katapult einige Futterpartikel eingeschossen hat.

Es bedeutet beim Stippen im See keineswegs eine übertriebene Feinheit, die Pose auf eine 0.10er oder selbst 0.08er Schnur zu ziehen und ein 0.06er Vorfach mit einem 24er Haken für einen Pinkie einzuschlaufen! Diese leichte Montage erlaubt ein freies Köderspiel, das wir durch gelegentliches Zupfen an der schlanken Stillwasserpose mit tief angesetzter Öse, die sie bei Zug besonders hoch steigen läßt, unterstützen.

Im Stillwasser haben die Fische genügend Muße, jeden Köder sorgfältig zu prüfen - eine feinere Montage hilft, sie zum Anbiß zu überreden. Erst im späteren Verlauf, wenn sich ein größerer Schwarm Fische eingefunden hat und der Futterneid sie zu etwas unkontrollierterem Zugreifen verleitet, dürfen wir auf stärkeres Gerät umsteigen, an dem der Köder dann unbedenklich genommen wird. Die Bebleiung kommt ohne Torpille aus, wenn es nicht gerade stürmt, und wird als langgezogene Kette angeordnet. So wird der Köder schon in der schwebenden Futterwolke im Absinken genommen, wenn die Fische dem herabrieselnden Futter entgegenschwimmen.

Die Matchrute an kleinen Fließgewässern

Ruhige Kanäle, verträumte Flüßchen und versteckte Seen mit ihrem geheimnisvollen Reiz sind für den Matchrutenangler das Paradies. Aber selbst an windungsreich schnell dahintreibenden Oberläufen verschiedener Flüsse ist die Matchrute mit einem sehr kräftigen Stick oder Waggler nicht verloren, wenn hier auch die Bolognarute im Vorteil sein mag.

Durch ihrer geringe Länge kaum behindert, kann sich der Angler, zurückgezogen vom Ufer, gut getarnt zwischen der Vegetation verbergen. Vorteilhaft ist dabei der kleine Aufbau, der mit einer englischen Sitzkiepe, kleiner Köderpalette, Futterbeutel und Kescher auskommen kann, wenn der Angler auf den Komfort einer Plattform verzichten mag.

Um die vorsichtigen Fische zivilisationsferner Gewässer, die auf Störungen empfindlich reagieren, nicht zu verschrecken, werden mit dem Katapult nur lose Futterpartikel nach der Devise „wenig, aber oft" eingeschossen - keine laut aufklatschenden Futterballen. Bestenfalls kleinste Futterkugeln, um nach und nach eine Futterspur zu bilden. Auch mit wenig Futter ein reizvolles Aroma zu verbreiten, ist die Herausforderung für unser Talent und unsere wachsende Erfahrung mit dem Gewässer.

Nicht unbedingt den Fisch zum Futter zu locken, wie es die Stippe mit ihrer beschränkten Reichweite verlangt, sondern ihn an seinem Standort aufspüren - mit Futter und Hakenköder den Fisch aktiv suchen und überlisten. Besonders vorteilhafte Methode, wenn die Fische heikel sind! Aber sie auch an großen Gewässern mit dem Weitwurfwaggler auf große Entfernung suchen, wenn sie Abstand halten vom Ufer - eine unbedingte Spezialität der kurzen Matchrute, die mit keiner anderen Rute zu bewältigen ist!

Auch wenn dichte Vegetation die Ufer schützt - für die kurze Matchrute findet sich immer eine Lücke und die verschiedenen Methoden mit Stick oder Waggler erlauben die Anpassung an zwar nicht alle, aber doch die meisten aller denkbaren Verhältnisse.

Offensichtlich erscheint der Umgang mit englischen Posen vielen Anglern schwieriger als nötig. Dabei macht eine klare Logik ihren Einsatz unmißverständlich - besonders, wenn wir uns auf die wenigen wirklich notwendigen Modelle beschränken, deren Logik wir in ihrer Einfachheit rasch begreifen! Was könnte einfacher sein als einen Stick, einen Avon oder einen Balsa mit drei Posengummis an der Schnur anzubringen, die entsprechende Menge Schrot zusammenzustellen, die wir bereits zu Hause für jede Pose ermittelt und in einer Liste je nach Schrotgröße notiert haben und sie dem erforderlichen

Bebleiungsschema folgend, auf die Schnur zu drücken? Wenn wir nun einen kleinen Haken anknüpfen, eine Katapultladung Maden einschießen und die Montage nach dem Loten mit einem sanften Unterarmschwung ins Wasser schwingen, angeln wir bereits 15 Minuten nach unserer Ankunft und fangen in der 16. Minute unseren ersten Fisch!

Es ist möglich, daß viele unserer Angler Berührungsängste haben mit all dem ausländischen Gerät und daß sie mutlos werden durch die vielen fremden Angaben und Begriffe, mit denen sie glauben, sich plagen zu müssen - woran natürlich gerade Kultschreiberlinge wie ich mit ihrem wichtigtuerischen Fachkauderwelsch zu 100 % schuldig sind. Glaubt mir - das ganze kultig-englische Gerede fängt nicht mal die kleinste Sprotte! Daß die Made den müden Flossenlümmel reizt, ist das einzige, was zählt!

Und was soll uns hindern, aller Fremdheit aus dem Weg zu gehen? Z.B. indem wir jeden der hübschen englischen Schwimmer im Winter mit Hilfe der Posenwaage wiegen, wie es sich ohnehin für jeden ordentlichen Angler empfiehlt. Und wenn wir uns die Mühe machen wollen, stellen wir dabei für jede Pose die richtige Schrotkombination aus unserem überprüften Schrotsortiment zusammen und notieren sie in einer Liste sorgfältig für jedes Modell und ihre verschiedenen Größen. Der Winter ist schließlich lang! So lesen wir am Wasser ab, wieviele Schrote mit 1.9 g, 0.8 g, 0.4 g usw. wir für unseren Stick oder Waggler brauchen und bauen die Montage in Rekordzeit auf, da jedes längere Probieren entfällt!

Wir beginnen mit einem mittelgroßen Stick mit feiner Spitze und einer über die volle Montagelänge verteilten Bebleiung. Wir schießen nur wenige Pinkies in die schwache Strömung ein und wollen einen Schwarm Rotaugen beangeln, der dicht über Grund nach antreibender Nahrung sucht.

Wir werfen nicht mit Überkopfwurf ein, bei dem sich die lang verteilte Bebleiung verhängen würde, sondern schwingen die Montage vorsichtig mit einer Mischung aus leichtem Unterarmschwung und Seitwärtswurf ein, bei dem sie flach gestreckt und geräuschlos auf dem Wasser landet.

Wir hoffen, daß der stromaufblasende Wind nicht stärker wird, denn dann könnte es passieren, daß die leichte Montage mit dem Wind stromauf getragen würde, worauf die Fische etwas erstaunt reagieren könnten. Wir wären dann gezwungen, eine schwerere Pose mit größerem Körper zu montieren, die der Strömung mehr Angriffsfläche bietet und durch ihr schweres Blei trotz Gegenwind von der Strömung vorwärtsgezogen wird.

Wir lassen den Stick in etwa 8 m Abstand vom Ufer mit der Strömung treiben und halten die Schnur dabei gespannt, mit direktem Kontakt bis hinunter zum Haken. Dabei lassen wir durch Heben der Rutenspitze gelegentlich den Gegenwind in die Schnur greifen und den Lauf der Pose über den sich straffenden Schnurbogen verzögern. Jede Beeinflussung der Pose wird mit sehr viel Gefühl durchgeführt. Bei leichtestem Halten steigt der Stick und der knapp über Grund dahintreibende Köder eilt dem Schrot voraus. Der schwere Hartholzkiel verhindert, daß er sich flach auf das Wasser legt. Steigt er zu hoch, lassen wir ihn weiterlaufen und der Köder sinkt wieder ab.

Um die Pose weit laufen zu lassen, fischen wir mit offenem Rollenbügel und dem Zeigefinger, der den Schnurablauf kontrolliert, an der Spule. Sobald die Pose es verlangt, hebt sich der Finger, um einige Klänge der Schnur freizugeben. Weit überlegen für diese Art des Fischens ist natürlich die Centrepinrolle, deren Schnurablauf sich gleichmäßig weich und ruckfrei vollzieht!

Reagieren die Fische nicht auf das reizvolle Spiel, lassen wir den Stick frei zwischen den Maden abtreiben, die wir vor jedem Einwurf in die Strömung schießen. Das langsame Absinken der Montage ist in dem klaren Wasser wichtig, wo die Fische das Verhalten des Köders sehen können.

Das ist die Idee, die sich mit dem Stick verbindet: in nicht zu tiefem Wasser, maximal 2 m, und in leichter Strömung bei stromaufwehendem Wind den Köder etwas verlangsamt der Pose voraustreiben zu lassen, wobei sich die Angelentfernung mit ein bis zwei Rutenlängen als ideal erweist. Trotting, wie das die Engländer nennen.

Zwar nicht weit draußen, aber mit langen, kontrollierten Durchläufen am Ufer entlang wird der Fisch an seinem Standort gesucht. Für Rotaugen, Hasel, und Döbel eine tödliche Methode!

Das winzige unterste Schrot über dem Vorfach erlaubt, daß auch bei geringer Verzögerung der Köder von der Strömung hochgedrückt wird. Je stärker die Strömung, desto mehr Gewicht muß bei größerer Pose auf die Schnur oder desto höher muß die Pose geschoben werden, damit der Köder bei Verzögerung der Drift noch Grundberührung hat.

Es kommt darauf an, den richtigen Kompromiß aus Größe der Pose und ihrer Tiefeneinstellung zu finden. Ist die Pose zu leicht, muß sie zu tief gestellt werden, um bei Verzögerung am Grund zu bleiben und verursacht im freien Treiben häufige Hänger. Ist sie zu schwer, wird die Montage zu unsensibel und die Bisse bleiben aus.

Die Fische beißen nun zügig - fast jeder Durchlauf beschert uns einen Fang. Deshalb schieben wir nun die Bebleiung über die halbe Länge der Montage hinaus und dichter gruppiert nach unten, um den Haken schneller zum Grund zu bringen.

Dabei haben wir das Vorfach etwas verkürzt, damit die Bisse deutlicher werden. Der etwas spürbarere Widerstand, dem die Fische durch das nähere Blei ausgesetzt sind, hält sie in der Strömung nicht vom Köder ab. Das zu Beginn längere Vorfach war zwar sensibler, aber die Bisse kamen zu langsam durch und waren zwischen den kleinen Wellen, die sich im Gegenwind bilden, nicht deutlich zu sehen.

Das Wasser steigt und die Strömung nimmt etwas zu - vielleicht hat es weit entfernt in den Bergen geregnet. Wir tauschen den Stick mit feiner Spitze gegen ein Modell der gleichen Tragkraft mit runder Kuppelspitze und stellen etwas tiefer ein, damit das Vorfach und ein Schrot über Grund schleifen können. Immer wieder verzögern wir die Pose und lassen wieder treiben, bis ein zugreifender Fisch sie abtauchen läßt. Lassen die Bisse nach, kann eine Verstellung der Pose um nur 3 oder 5 cm wieder neuen Erfolg bringen. Wir sollten also ständig arbeiten, um die Fische bei Laune zu halten!

Die korrekte Tiefe haben wir mit einem Punkt Tipp Ex auf der Rute markiert, den wir nach dem Angeln mit einem Lappen entfernen - so wissen wir bei jeder Verstellung der Pose genau, wie sich unsere Montage unter Wasser verhält und in welcher Tiefe der Köder liegt oder schwebt!

Der Wind dreht und bläst nun stromab - der leichte Stick läßt sich nicht mehr ruhig führen. Zudem vermuten wir, daß sich mittlerweile auch große Fische auf dem Futter niedergelassen haben. Wir montieren einen kräftigeren Balsa oder einen kleinen Loafer, fügen der Montage die fehlenden Schrote hinzu und gruppieren einige davon über dem Vorfach, das wir durch Verschieben der Schrote auf 40 cm verlängert haben.

Um die neuen Schrote anzudrücken, schieben wir alle bereits auf der Montage vorhandenen bis zur Schlaufe über dem Vorfach, bzw. bis zum Haken herunter, falls wir durchgebunden haben. Jetzt klemmen wir die neuen Schrote in der richtigen Reihenfolge an - jeweils das größere über den kleineren Stücken. Nun schieben wir alle Schrote hoch, schneiden die wenigen Zentimeter Schnur, die wir zum Andrücken genutzt haben, ab und binden eine neue Schlaufe für das Vorfach, bzw. binden den Haken neu an.

Diese etwas komplizierte Vorsichtsmaßnahme ist nötig, um unsere Montage vor Beschädigung zu bewahren, denn das Andrücken der Schrote schwächt die Schnur und läßt sie bei der ersten Belastung reißen!

Die Pose schieben wir soweit hoch, daß die zwei untersten Schrote den Grund berühren und die starke Pose voraustreibend die Montur hinterherziehen muß. Ihre massivere Spitze besitzt noch genügend Tragkraft, um sie vor dem Sinken zu bewahren - taucht sie dennoch ab, entfernen wir ein

Schrot von der Schnur, damit sie mehr Auftrieb bekommt. So treibt die Montage, an gespannter Schnur von uns kontrolliert, sehr langsam in der Strömung und bringt uns eine Reihe schöner Brassen, dazu zwei Karauschen und einen stattlichen Aland an den Haken.

Um im stromabwehenden Wind die Bildung eines Schnurbogens zu verhindern, der die Posendrift unnatürlich beschleunigen und die Montage schräg aus der Futterspur ziehen würde, drücken wir ein Schrot von 0.4 g (nach Bedarf auch leichter oder schwerer) als Hinterblei etwa 40 cm über der Pose auf die Schnur (siehe Zeichnung - S. 77).

Dieses Hinterblei hält die Schnur auf Spannung und verhindert, daß sie die Pose in einem Bogen überholt und dann mit ihrem Zug schneller treiben läßt. Mit erhobener Rutenspitze halten wir das Hinterblei aus dem Wasser - eine Technik, die uns zusätzlich hilft, die Drift zu verzögern.

Nachdem wir nun unsere Seite des Gewässers mit diesen hocheffektiven Methoden völlig leergefischt haben, was wir zweifelsfrei sehr genau daran ablesen können, daß nämlich alle flossentragenden Anwohner in unserem 4.50 m langen, schonenden Großraum-Wettkampfkescher spazierenschwimmen (pardon, tun sie nicht - Lebendhälterung ist ja bei uns verboten!), wir sie also nur volksgezählt und nach dem schonenden Fang ohne Widerhaken völlig unverletzt in perfekter Verfassung wieder freigesetzt haben (verflixt, das ist ja auch nicht erlaubt - was darf man eigentlich in diesem sonderbaren Land, wo Gesetze für Angler von Leuten gemacht werden, die nicht das geringste von der Materie verstehen?!), ist es Zeit, die Gewässerseite und damit die Methode zu wechseln.

Wir montieren einen kleinen Insert Waggler, dessen feine Antenne auch auf diese Entfernung die Bisse während des Absinkens unseres Köders noch sichtbar macht. Dieser Stil, den die Engländer Drop-Methode nennen, erfordert, vor fast jedem Wurf einige Maden einzuschießen - meist nicht mehr als 5 bis 10 Stück - und den Köder an einem leichten Haken in natürlicher Geschwindigkeit zwischen ihnen sinken zu lassen.

Dabei sinkt der Waggler langsam im Rhythmus der fallenden Schrote und wenn dieser Rhythmus unterbrochen wird, schlagen wir an. Wann immer möglich, in seitlicher Richtung, statt die Rute senkrecht hochzuschlagen, damit uns die Montage nicht um die Ohren fliegt, falls der Anschlag ins Leere geht. Denn wie oft passiert es dabei, daß sich die gesamte Schnur unentwirrbar um die Rute knäult oder in den Uferbüschen verfitzt!

Die Hauptmasse des Bleis - etwa zwei Drittel - haben wir um den Posenfuß gruppiert - nur eine Reihe von Minischroten sorgt für ein zeitlupenmäßiges

Absinken der Montage. Da der Wind noch stromabwärts weht, schlagen wir die Schnur nach Einwurf der Montage gegen den Wind, solange sie noch über dem Wasser schwebt. Dann die Rutenspitze unter das Wasser, mehrere Schläge der Spitze hin und her und gleichzeitig mit einigen Kurbelumdrehungen etwas Schnur eingeholt, bis sie im Wasser versunken ist.

Die waagerechten Schläge der Rutenspitze senken die Schnur, ohne die Pose zu weit aus der Spur zu uns heran zu ziehen. Ihr leichtes Sinken unterstützen wir, indem wir von Zeit zu Zeit den Line Sink auf die Rute klemmen und die Schnur beim Einholen durch den Entfetter ziehen.

Natürlich treibt die Montage nun völlig frei und von uns unbeeinflußt mit der Strömung - zurückhalten läßt sich ein Waggler nicht, da er beim Halten sofort tauchen würde! Glücklicherweise dreht der Wind wieder stromauf und wir heben nun die Schnur aus dem Wasser und lassen den Wind gelegentlich helfen, die Drift über den entstehenden Schnurbogen zu verzögern, indem wir ihn durch Anheben der Rutenspitze in die Schnur greifen lassen - aber sehr gefühlvoll dosiert, damit der Waggler nicht taucht!

Da der leichte Waggler nur wenige Meter in der Futterspur läuft und dann vom Gewicht der Schnur herangezogen wird, montieren wir nun einen schwereren Straight Waggler, dessen dicke Spitze genügend Tragkraft besitzt, um nicht abzutauchen, wenn das Vorfach über den Boden schleift oder wir sogar ein Schrot nachschleifen lassen. Seine Größe und das höhere Gewicht der Montur bieten ausreichend Gegengewicht, um ihn gegen den Druck der Schnur eine längere Strecke in der Futterspur zu halten. Sein verzögertes Durchlauftempo gibt auch den bedächtigeren Brassen genügend Zeit, den Köder zu prüfen und sich für die Aufnahme zu entscheiden.

Es ist zu schade, daß dieses Gewässer keine Barben beherbergt, denn mit dieser Methode wären sie längst ihrer Neugier für alles Freßbare erlegen und hätten sich zu einem Fototermin bei uns an Land gemeldet!

Würde das Gewicht des Straight Wagglers nicht reichen, um die gewünschte Wurfweite zu erzielen, könnten wir auf einen Bodied Waggler ausweichen, dessen dicker Körper die notwendige größere Tragkraft für mehr Schrot besitzt, um weitere Würfe zu ermöglichen.

Der Wind, der sich erneut stromabwärts dreht, drückt die dicke Spitze des Wagglers unter Wasser - kein Problem, wir entfernen 0.8 g Schrot und der Überschuß an freier Tragkraft läßt ihn sofort wieder auftauchen.

Nachdem nun auch die Anwohner der anderen Seite an der Volkszählung teilgenommen haben und wir uns von dem glücklichen Gesundheitszustand der Schuppenkids überzeugen durften, dunkelt es und wir packen ein.

Mit der Matchrute am See

An Seen ist der bequeme Angler mit der Matchrute in seinem Element. All die Schwierigkeiten, mit denen er an einem Fließgewässer zu kämpfen hat, entfallen hier und seine einzige Sorge stellt sich mit der Frage, ob die Fische in guter Beißlaune sind (vorausgesetzt, er findet sie).
Natürlich verfällt er bei der Wahl der Angelstelle nicht dem alten Anfängerfehler, sich die ruhigste Stelle zu suchen, wo nicht der leiseste Hauch die spiegelglatte Oberfläche berührt - diese Stellen sind oft genug so leblos wie sie wirken. Dort, wo der Windschatten der Bäume nicht mehr das Wasser schützt und wo ein steter Zug die Oberfläche mit kleinen Wellen kräuselt, fühlen sich die Fische wohl - durch die Extraportion Sauerstoff, die der Wind ins Wasser bläst und durch die undurchsichtige Oberfläche, die wohl alle Fische als schützendes Dach über ihrem Kopf empfinden.
Die elastische Wagglerrute mit 13 Fuß Länge findet fast überall einen freien Platz und die geringe Mühe des Aufbaus bringt den Angler auch im Sommer nicht zum Schwitzen. Auch wenn in der kühlen Jahreszeit die Stippe wegen ihrer größeren Präzision am Futter, der feineren Montage und dem schnelleren Anhieb im Vorteil sein mag, da sie die wegen ihrer abgesunkenen Körpertemperatur freßunlustigen und bewegungsfaulen Schuppentiere noch eher zu einem Biß überreden kann - jetzt, in der warmen Zeit, wo sich die Fische den Speck anfressen, lassen sie sich auch von einer etwas größeren Futterstelle nicht schrecken, die unseren mit der Rolle zwangsläufig nicht ganz so präzisen Würfen noch ausreichend Zielfläche bietet.
Für die Wahl des Wagglers ist nur entscheidend, mit seiner Tragkraft und der entsprechenden Menge Schrot bequem und ohne Anstrengung das Ziel zu erreichen - auch wenn uns plötzlich ein leichter Wind entgegenbläst.
Die Montage erfordert kaum Raffinesse - entweder Drop-Methode, also Hauptblei an der Pose und nur wenige Minischrote auf der Schnur, wenn weder Drift noch Wind unsere Montage abtreiben lassen. Oder die Anordnung einer größeren Bleimenge im unteren Teil der Schnur, damit der Haken schnell den Grund erreicht. Bei Wind und Drift eventuell soviel Schrot auf Grund gelegt, daß die Montage nicht abgetrieben wird.
Wird die Drift so kräftig, daß ein aufgelegtes Schrot nicht reicht, die Montage vor dem Verschleppen zu schützen, wird ein kleines Seitenblei statt Schrotbebleiung montiert. Die Schnur läuft bei einem Biß leicht durch die große Öse und signalisiert den Kontakt sehr deutlich. Aufgelegte Schrote dagegen machen die Montage schwerfälliger und die Bißanzeige weniger klar!

Nach dem Loten, das wir mit einem großen Schrot auf den Hakenschenkel geklemmt durchführen, indem wir sorgfältig den gesamten Bereich unserer geplanten Futterstelle auf Bodenwellen, Löcher und vor allem Hindernisse untersuchen, füttern wir - entweder mit eingeschossenen Maden oder leichtem und in einer Wolke schwebendem Grundfutter, um nach dem Einwurf langsam unseren Hakenköder sinken zu lassen - die feine Antenne des Wagglers macht die Drop-Bisse sichtbar. Diese Taktik spricht allerdings bevorzugt kleinere Fische im Mittelwasser an und kann größere Fische vom Grund nach oben ziehen, wo sie dann schwerer zu fangen sind!

Wollen wir große Grundfische reizen, füttern wir mit schweren und schnell sinkenden Ballen, gespickt mit einer Ladung Mais oder Weizen. Wir schieben die Schrote weiter nach unten und verteilen sie auf einem Meter Schnur über dem Vorfach. Wir werfen die nun rasch sinkende Montage ein, wobei wir bei Wind die Futterstelle überwerfen, die Rutenspitze in das Wasser tauchen und mit einigen schnellen Umdrehungen der Rolle die Schnur absenken. Die Entfernung der Futterstelle markieren wir mit einem Stopperknoten, den wir nach dem Einwurf über der Rolle auf die Schnur binden und beim letzten Einholen wieder abziehen.

Beim ersten Wurf dient uns die Pose als Zielhilfe für das Futter, beim Wiedereinwerfen der Montage hilft uns der Stopperknoten auf der Schnur für die Entfernung und eine deutliche Landmarke gegenüber für die Richtung.

Von der häufig empfohlenen Methode, die Entfernung mit einem Gummiband auf der Spule festzulegen, ist aus zwei Gründen abzuraten: Werfen wir einmal etwas zu temperamentvoll ein, wird die Montage zurückkatapultiert, sobald die Schnur bis zum Gummiband abspult, und das Vorfach kann sich dabei verhängen. Zudem wird die Wurfweite reduziert und die Montage landet nicht über der Futterstelle. Und es wird uns ein stärkerer Fisch, dem wir Schnur geben müssen, die Schnur unter dem Gummi hindurch von der Rolle ziehen und damit die Markierung nutzlos machen. Und wie wollen wir das Futter wiederfinden, wenn die Markierung nicht mehr stimmt?

Da die Futterstelle ziemlich weit entfernt ist, werfen wir mit einem Überkopfwurf ein. Um das Verhängen der Montage zu verhindern, stoppen wir kurz vor der Landung der Pose weich den Flug mit dem Finger an der Spule, wobei sich die Montage streckt - das Vorfach voraus.

Die Rute legen wir so auf einem Erdspeer ab, daß ihre Spitze 20 cm weit in das Wasser ragt, nachdem wir die Schnur unter Wasser gezogen haben. Bei einem Biß erfolgt der Anhieb weich und lang bis über die Schulter durchgezogen direkt aus dem Halter. Angst vor Schnurbruch haben wir nicht, da die

elastische Wagglerrute den Anschlag dämpft und uns unsere verständliche Begierde zu erfahren, was an unserem Köder nagt, gnädig verzeiht!
Ein Waggler mit feiner Insert-Antenne macht Bisse deutlicher sichtbar, da die dünne Spitze wenig Tragkraft besitzt und entsprechend tiefer sinkt. Auf große Entfernung kann es allerdings schwierig sein, die Bewegungen der Antenne zu erkennen. So müssen wir bei der Wahl des Wagglers den richtigen Kompromiß finden zwischen Sensibilität und Sichtbarkeit. Schwebt die gesamte Bebleiung über Grund, helfen wir uns, indem wir ein Schrot von der Montage entfernen, um die Pose höher aufragen zu lassen oder wir montieren einen Waggler mit Sichtknopf an der Spitze. Liegt Schrot auf dem Grund, lassen Änderungen in der Schnurspannung den Waggler steigen oder sinken. So ist es leicht, ihn durch Nachlassen der Spannung um 3 cm zu heben.
Reagieren die Fische lustlos auf unser Angebot, kann es helfen, dem Köder etwas Bewegung zu verschaffen, indem wir ihn von Zeit zu Zeit zupfend zentimeterweise durch die Futterspur ziehen. Dazu müssen wir hinter der Futterstelle einwerfen, die wir gezielt mit einigen Ballen in ihrer Fläche erweitern. Nur dürfen wir uns nicht wundern, daß der Waggler beim Zupfen auf Tauchstation geht! Auf Zug reagiert er wie in der Strömung sensibel, taucht aber sofort wieder auf, sobald wir wieder Schnur geben. Tut er das nicht, schlagen wir an, denn dann hatte unsere Taktik schnellen Erfolg!
Bleiben die Bisse dennoch aus, machen nur die Doofen weiter wie gehabt und stieren stundenlang ihre unbewegliche Pose an. Verändere nichts und Du lernst nichts! Ein ehrgeiziger Angler wird sich mit einem schlechten Ergebnis nicht zufriedengeben. Er wird auf intensive Fehlersuche gehen und seine Taktik Punkt für Punkt kritisch untersuchen. Er fragt sich, woran es gelegen haben mag, daß er nicht gut gefangen hat. Er wird experimentieren, seine Köderpräsentation verfeinern, eventuell prüfen, ob die Wahl seiner Angelstelle richtig war und ob die Futtertaktik stimmte. Kleine Änderungen in der Montur wie verschobene Schrote, ein dünneres Vorfach, kleinere Haken, andere Köder, eine andere Pose, die feine Bisse besser sichtbar macht - alles dies wird ihm irgendwann den erhofften Erfolg bringen.
Und eins ist gewiß: die in Deutschland am häufigsten zu bewundernde Standardmethode der Plumpsangler - Hechtproppen auf 0.30er Schnur, Sargblei auf Grund gelegt und fetter Wurm am Riesenhaken - gehört nun mal nicht gerade zu den erfolgreichsten!! Die erfolggekrönten Methoden des *feinen* Posenangelns zielen alle darauf ab, einen Köder natürlich und unauffällig zu präsentieren und eine möglichst sensible Bißanzeige zu erreichen. Das ist das Ziel, worauf wir unseren Ehrgeiz richten!

Bolognastil in deutschen Flüssen

Wenn sich die Bolognarute auch an stehenden oder sehr schwach fließenden Gewässern bewähren mag - in der Strömung entfaltet sie ihr volles Talent, wenn es darum geht, den Fisch mit der abtreibenden Pose zu suchen. Hier ist sie mit ihrer überlegenen Reichweite die Meisterin aller Methoden und zeigt, was das Posenfischen selbst unter schwierigen Bedingungen zu leisten vermag! Ihre Grenze findet sie dort, wo in harter Strömung auf 12 bis 15 m Entfernung ein schweres Blei über einer eng begrenzten Futterstelle gehalten werden muß, um - wie z.B. im starken Unterlauf des Rheins - mit Hilfe großer Futterballen die Brassen an den Haken zu locken. Hier wäre die Kopfrute eindeutig im Vorteil.

Es ist nicht einfach, in der Strömung der Äschen- oder Barbenregion auf 20 m Entfernung noch eine 5 g Pose zu beherrschen - sie so zu führen, daß sie kontrolliert über die abtreibenden Futterpartikel gleitet und nicht nur als willenloser Spielball dem übermächtigen Element Wasser ausgeliefert bleibt. Diese Aufgabe gehört zu den vornehmsten Leistungen der Einwanderin aus Italien, die sie mit ihrer straffen Aktion und der beeindruckenden Länge von 5 bis 7 m zu meistern in der Lage ist.

Und mit leichtem Gepäck reist der Bolognese-Angler, zu dessen Erbauung sich als Panorama die schönsten, urwüchsigsten Gewässer und Landschaften bieten. Auf das wesentliche beschränkt, ist seine Ausrüstung idealerweise in einem Rucksack verstaut - ein umgehängter Madenbeutel erleichtert ihm den Zugriff auf die Köder. Das Katapult im Beutel, den Hakenlöser hinter dem Ohr und die Lösezange in der Hosentasche oder beides auf eine Schnur gefädelt und um den Hals gehängt, hat er alles Notwendige griffbereit und bemüht sich nicht um den Aufbau einer Plattform mit Sitzkiepe. Er kontrolliert die Pose im Stehen, da dies der Rute eine höhere Position und damit größere Reichweite und dem Angler einen günstigeren Blickwinkel für die Kontrolle der entfernten Pose gibt. Die Länge der Rute unterstützt die Posenführung und ermöglicht ihm, auch auf Distanz einen schnellen Anhieb zu setzen. Das Fischen im Stehen verstärkt diesen Vorteil noch deutlich.

Er wandert am Ufer entlang, beobachtet mit der Polaroidbrille das Wasser, um Zeichen zu entdecken, die ihm den Standort guter Beute verraten. Gelegentlich watet er, die Beine in hüfthohen Stiefeln geschützt, durch flaches Wasser über Kiesbänke, um einer tiefen, schmalen Rinne näherzukommen, in der sich alles antreibende Futter zusammendrängt und wo er sicher sein darf, einige große Fische auf der Lauer zu ertappen.

In der warmen Jahreszeit bringt die Strömung mehr Sauerstoff und reichlich natürliche Nahrung - beides den Fischen hochwillkommen. Die ruhigen Buchten abzusuchen, wäre also jetzt verfehlt - dies lohnt sich erst, wenn das Wasser kühler wird und die Fische sich in tiefe Zonen in ruhigen Abschnitten und in Rückläufe hinter Hindernissen wie großen Baumwurzeln etc. zurückziehen, um sich vor der kalten Strömung zu schützen!

Der Angler schießt einige Maden in die Rinne, wirft einige schwere Futterballen in die Mitte der Strömung, deren aufklatschendes Geräusch in dem Brausen des Wassers über rumpelnde Geröllbrocken kaum stört. Wüßte er genau, daß in der Rinne große Barben stehen, könnte er mit dem Bait Dropper große Mengen Maden und Hanf einwerfen und dürfte darauf rechnen, daß sich diese Kämpfer bald auf der Futterstelle tummeln.

Er fährt die Teleskoprute aus und montiert eine 4 g Bolognapose in Form eines umgekehrten Tropfens. Am Ende der Schnur befestigt er eine 3 g Torpille und 10 kleine Schrote mit je 0.10 g Gewicht in einer kurzen Kette über dem 50 cm langen Vorfach. Die Pose steht auf 1.50 m Tiefe und ihr reibungsloser Durchlauf zeigt, daß die Montage an keiner Stelle Bodenkontakt bekommt. In Schritten von 5 cm wird die Pose tiefergestellt, bis sie durch ihr Vornüberkippen signalisiert, daß die Schrote Grund berühren.

Die dicke Antenne aus Balsholz treibt über dem Wasser und verleiht der Pose ein wenig Restauftrieb - gerade genug, um den Köder vorwärtszuschleppen, ohne dabei abzutauchen. Zieht die Strömung sie dennoch unter Wasser, wird sie unterbleit, indem wir eine leichtere Torpille aufziehen - bei einer 4 g Pose können wir das Gewicht um bis zu 1 g verringern.

Nach und nach zeichnet sich vor unserem geistigen Auge das Bodenprofil ab und erste Bisse zeigen, daß die fängige Tiefe gefunden ist und das Futter mit einzelnen abgetriebenen Brocken bereits seine Wirkung tut.

Die Torpille wird nun mit 2 Schroten, die sie als Stopper in ihrer Position halten, 20 cm höher geschoben - mit dem Ergebnis, daß die Pose etwas freier treibt und das Vorfach leichter kleine Hindernisse wie Bodenwellen und Steine überwinden kann. Vorsichtig dosiert wird die Pose unter direkter Kontrolle gehalten, indem die hoch erhobene Rute die Schnur zwischen Spitze und Pose aus dem Wasser hebt. So treibt die Pose dem aufliegenden Schrot und dem Vorfach voraus, bis wir sie zurückhalten und damit der Strömung erlauben, den Köder wieder voraustreiben zu lassen, bis ein kapitaler Döbel, von dem reizvollen Spiel verführt, seiner Neugier erliegt.

Soweit der klassische Bolognastil, wie er sich bewährt, wenn ein hindernisfreier Gewässergrund und eine ausreichende Strömung es gestatten - Bedingungen, wie man sie häufig in den Mittelläufen unserer Flüsse findet. In der Brassenregion mit ihrer reichen Ufervegetation und der schwächeren Strömung behindern Hindernisse wie abgerissene Äste und Blätter den freien Lauf der Schrote über Grund. Die Vielseitigkeit des Bolognastils bietet auch hier einen Weg, um zu den Fischen am Grund zu gelangen. Im Gegensatz zu der englischen Taktik, die meist darauf baut, den Köder langsam und natürlich sinkend anzubieten, zielt die italienische Angelkunst darauf ab, einen Köder rasch zum Grund zu befördern - egal, ob die Montage über den Boden schleift oder verzögert treibend den Köder serviert.

Um einen breiten Flußabschnitt 20 m entfernt in seiner Hauptströmung befischen zu können, wird eine kompakte Tropfenpose mit 5 g Tragkraft montiert. Um den Köder rasch zum Grund zu bringen und ihren Lauf an straff gehaltener Schnur zu verzögern, ohne sie zu schnell aus der Spur zu ziehen, ist eine schwere Pose gefragt. Ihre feine Antenne aus leuchtintensivem Nylon bietet dem Wasser keinen Widerstand - ein Schrot von 0.05 g zusätzlich ließe sie bereits tauchen. Der lange Kiel verleiht ihr Stabilität, wenn ihr Lauf verzögert wird und sie dadurch verstärkt dem Druck der Strömung ausgesetzt ist. Eine 4 g Torpille und 10 Schrote vervollkommnen die Montage, die mit einer 50 cm langen Schrotkette frei treibend geführt, später aber auch mit übertief gestellter Pose stark verzögert werden soll.

Mit einer geschätzten Tiefeneinstellung wird die Montage eingeworfen. Während der langen Drift zeigt sich, daß es an keinem Punkt zu Bodenberuhrung kommt. Nach mehrmaligem Höherschieben der Pose erreicht das unterste Schrot den Grund. Wieder etwas flacher gestellt, schleift nur das Vorfach hinterher, wie sich an der leicht vorwärtsgeneigten Pose zeigt, die dennoch fast ungebremst mit der Strömung treibt. Bei Verzögerung durchstößt ihr spitz zulaufender Hals die Wasseroberfläche, lehnt sich leicht gegen die Strömung und läßt den Köder nun frei über Grund treiben.

Bei geöffnetem Bügel der Rolle liegt der Zeigefinger auf dem Spulenrand und gibt die Schnur frei, sooft die Drift es verlangt. Bei jeder Bodenwelle, jedem Hindernis legt sich der Finger an die Spule und stoppt den Schnurablauf. Diese Verzögerung läßt das Vorfach in der Strömung steigen, die wieder freigegebene Schnur läßt die Montage sanft über das Hindernis gleiten. Hebt sich das Vorfach nicht hoch genug, schieben wir die Schrote höher und ziehen die Kette etwas auseinander, damit sich das Gewicht verteilt und die Montage im unteren Bereich leichter wird. Je länger die Schrotkette, desto feiner die Präsentation, da der Köder freier in der Strömung spielt und die Fische weniger Widerstand bei der Köderaufnahme spüren.

Zeigt sich, daß diese Technik der Posenführung dazu führt, die Pose schaukeln und nicht stabil in der Strömung laufen zu lassen, ist das ein Hinweis darauf, daß die gewählte Pose etwas zu schlank ist für die ihr zugedachte Aufgabe. Statt nun die gesamte Montage abzuschneiden und mit einer kompakten, schwereren Pose neu zu montieren, können wir versuchen, sie mit einem Trick etwas zu stabilisieren: wir entfernen von der Kette unter der Torpille ein bis zwei Schrote und klemmen sie direkt unter der Pose auf die Schnur. Diese Technik funktioniert zwar nicht in jeder Situation, wird uns aber in vielen Fällen helfen. Wenn dies unsere Montage nicht stabilisiert, müssen wir zu einer anderen Pose wechseln.

Ideal für die Technik der verzögerten Posenführung ist die Centrepin-Rolle. Wenn das Angeln zwischen Pflanzen oder weil die Fische ein besonders lebhaftes Köderspiel erwarten, zur Millimeterarbeit wird, greifen wir mit der freien Hand zwischen Rolle und erstem Ring die Schnur, ziehen einen Meter Schnur seitlich von der Rolle, indem wir die Hand geradlinig zur Seite strecken und geben mit der Strömung nach und nach die Schnur wieder frei. Die erhobene Rutenspitze hebt dabei die Schnur bis zur Pose vom Wasser ab. Ist die maximale Entfernung für diese Art der Posenkontrolle mit völlig vom Wasser abgehobener Schnur überschritten, teilt sich dies dem Angler dadurch mit, daß die Pose nicht mehr in der Futterspur läuft, sondern vom Gewicht der Schnur auf das Ufer zugetrieben wird. Die richtige Antwort auf diese Beobachtung ist, die Schnur einige Meter hinter der Pose auf dem Wasser liegen zu lassen und sie nur bis zu diesem Punkt abzuheben.

Beim kleinsten Zeichen, mit dem die Pose signalisiert, daß das Vorfach hängenbleibt, wird die Schnurfreigabe gestoppt. Die Rutenspitze hebt die in ihrem Lauf gebremste Pose ein wenig an und gibt der Strömung Zeit, das Vorfach wieder zu lösen und über das Hindernis zu heben. In diesem Augenblick erfolgt sehr häufig der Biß!

Bringt uns der Durchlauf statt einem Biß nur angeknabberte Maden, bedeutet dies eine verpaßte Chance. Ein Fisch hatte den Köder im Maul und wir haben nicht reagiert! Möglicherweise war das Vorfach zu lang, die Schrotkette zu weit auseinandergezogen oder sogar die Pose zu stark unterbleit und damit nicht sensibel genug.

Maden sind ein erfolgreicher und sehr universell einsetzbarer Köder, der von dem Bologna-Angler entsprechend häufig angeködert wird. Leider zeigt sich als ein typischer Nachteil der Made, daß sie dazu neigt, das Vorfach beim Einholen nach einer langen Drift so zu verdrallen, daß es erneuert werden muß. Diesen Drall können wir zumindest verringern, indem wir

einen kleinen Wirbel ohne Karabiner zwischen Hauptschnur und Vorfach einschalten. Er wird mit einem Grinnerknoten an die Hauptschnur gebunden, das Vorfach wird in das untere Öhr eingeschlauft.
Der Bolognastil wäre nicht international so erfolgreich, wenn er nicht universelle Variationsmöglichkeiten besäße. So unterschiedlich die Fische, ihre Gewässer und die Wetterbedingungen, so variationsreich muß sich eine erfolgreiche Methode anzupassen wissen. Der Phantasie des Anglers sind dabei fast keine Grenzen gesetzt - setzt er sie richtig ein, wird er eine Lösung finden für praktisch jedes Problem! Was, wenn z.B. eine kräftige Brise mit der Strömung weht? Bei jeder konventionellen Methode der Posenangelei mit Rolle bedeutet dies ein Dilemma, denn ungünstiger geht es kaum. Mit Hilfe seiner Phantasie kann der Angler den Nachteil jedoch in einen Vorteil verwandeln und den Wind für seine Zwecke nutzen. Jeder Posenangler wirft normalerweise geradeaus oder leicht stromabwärts ein, um die Pose so abtreiben zu lassen, daß sie sich immer weiter von ihm entfernt. Eine ungewöhnliche Alternative dazu besteht darin, die Montage stattdessen gegen den Wind stromauf einzuwerfen und langsam auf uns zutreiben lassen. Dazu montieren wir einen Bolognatropfen mit tragfähiger Antenne, den wir so ausbleien, daß die Antenne aus dem Wasser ragt. Die Bebleiung besteht aus Torpille und einigen Schroten in kurzer Kette, Poseneinstellung übertief, so daß ein Teil der Schrote den Grund berührt.
Das Gewicht auf Grund muß die Pose in der Strömung halten, ohne vorwärtsgetrieben zu werden. Wir werfen gegen die Strömung ein, lassen zu, daß der Wind einen weiten Schnurbogen bildet und heben unter leichtem Zug an der Schnur, der die Pose in Bewegung setzt, die Rutenspitze an: die Pose läuft stromab auf uns zu, wobei sie Blei und Vorfach über den Boden schleppt. Senken wir die Rute, legt sich der Schnurbogen auf das Wasser und die Pose bleibt wieder stehen. So lassen wir die Pose durch Heben und Senken laufen oder stehen - solange, bis ein zugreifender Fisch die Antenne abtauchen oder ein Hebebiß sie auftauchen läßt. Das Geheimnis dieser Technik liegt darin, das Gewicht der Pose auf Strömung und Windstärke abzustimmen. Ihre Grenze findet die Technik dort, wo sich der Wind so verstärkt oder die Strömung so reißend ist, daß die Pose unkontrolliert abgetrieben wird oder nicht an der Oberfläche zu halten ist.
Erschwerte Bedingungen dieser Art, die uns der Fachliteratur folgend veranlassen würden, zur Kopfrute überzugehen, beschränken unsere Reichweite massiv, wenn wir keine Stippe besitzen. Wir sind dann gezwungen, mit verkürzter Schnur und starker Verzögerung direkt unter der Rutenspitze zu

fischen, wobei wir eine schwere Pose mit großer Torpille montieren, um den Köder am Grund zu halten. In solch einer Situation ist es natürlich ein großer Vorteil, wenn wir eine möglichst lange Rute einsetzen können. Es werden extralange Modelle von 8 bis 10 m als Bolognaruten angeboten, die ich allerdings nicht mehr als solche bezeichnen möchte, da sich mit ihnen die klassischen Bolognamethoden kaum noch fischen lassen. Ich nenne sie daher etwas allgemeiner beringte Posenruten!

Aber nicht nur harte Strömung und große Flüsse - der Liebhaber sanfter Verhältnisse sieht sich vielleicht einem kleinen Flüßchen oder auch einem breiteren Kanal gegenüber, wo die auf das Wasser gewehten Blätter nur im gemächlichsten Zeitlupentempo stromab geschoben werden. Denken wir uns diese Gewässer nicht sehr tief - vielleicht 1.50 m bis 2 m. In geringem Abstand vom Ufer läßt es sich hier mit der langen, schlanken Tropfenpose an einer nicht zu harten, nachgiebigen Bolognarute auf große Brassen, Alande und Karauschen fischen.

Sicher wäre das eine klassische Situation für die 14 Fuß Matchrute und einen Stick. Aber es ist nicht von jedem Angler zu erwarten, daß er wie ein Wettkampfangler für jede Technik die komplette Ausrüstung besitzt. Zudem läßt selbstverständlich die Bolognarute mit ihrer optimalen Posenführung in Verbindung mit italienischen Wettkampfposen das Befischen ruhiger Gewässer zu. Und es muß nicht immer eine schnell sinkende Bebleiung mit Torpille sein: Den schlanken 1.5 g Tropfen bebleien wir mit einer langgezogenen Kette von Schroten - eine Montage, die ohne Torpille auskommt und dennoch in der schwachen Strömung zur Futterstelle absinkt, ohne vorher abgetrieben zu werden.

Technik der Posenführung wie gehabt: laufenlassen, am Futter verzögern und wieder laufenlassen, bevor die Pose zentimeterweise aus der Futterspur in Richtung Ufer drückt. Um den Lauf zu verzögern, ohne die Pose aus der Spur zu treiben, schieben wir sie höher und lassen das Vorfach, vielleicht sogar das unterste Schrot, über Grund schleifen - eine Methode, die sich auch in einem See bei Wind und Unterströmung bewähren würde. Der schlanke Tropfen ist zwar nicht gerade das perfekte Posenmodell für diese Technik, aber in der sanften Strömung und bei dem geringen Abstand ersparen wir uns den Umbau und bewahren das feine Pöschen mit gespannt gehaltener Schnur vor dem Untergang.

Eine ideale Situation für den Anfänger, der hier unter leichten Bedingungen und ohne Druck probieren kann, wie sich seine Posen und Montagen verhalten und wie sie auf die verschiedenen Methoden der Führung reagieren!

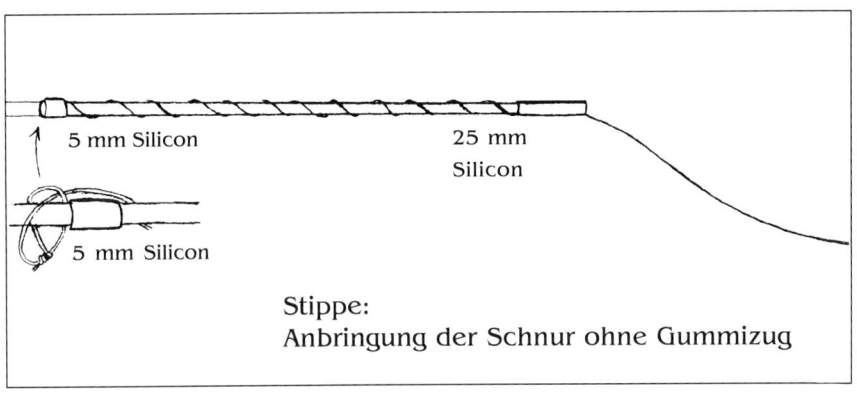

Stippe:
Anbringung der Schnur ohne Gummizug

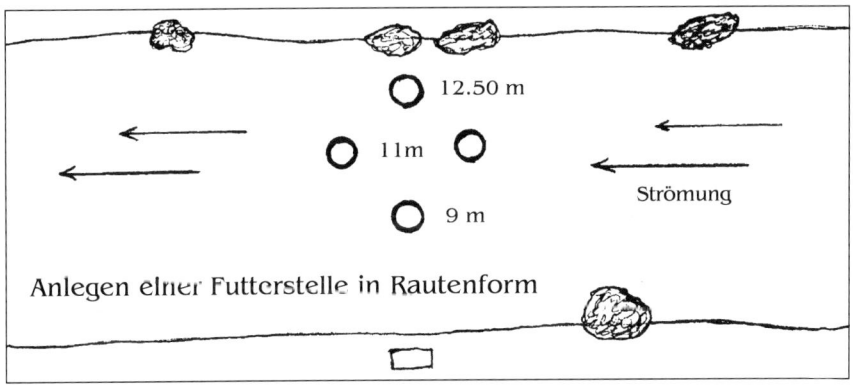

Anlegen einer Futterstelle in Rautenform

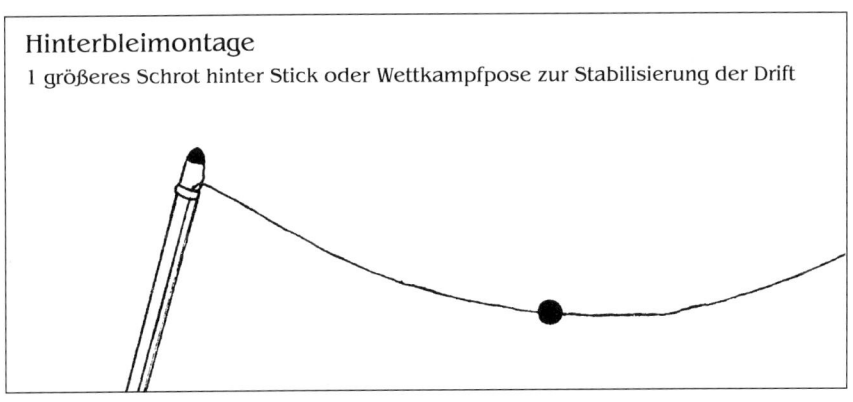

Hinterbleimontage
1 größeres Schrot hinter Stick oder Wettkampfpose zur Stabilisierung der Drift

Nachtangeln mit Pose

Das Nachtangeln hat seinen ganz eigenen Reiz - und besonders, wenn man eine Pose beobachtet, die mit ihrer grünlich-phosphorisierend schimmernden Beleuchtung auch die kleinste Bewegung signalisiert. Sicher sind nachts keine Massenfänge möglich, denn die Schwarmfische ziehen sich in ihre Schlafkojen zurück. Aber die Dunkelheit ist immer für den Fang eines herausragenden Fisches gut - sei es ein einzelgängerischer kapitaler Brassen, ein riesiger Döbel oder sein Bruder, der starke Aland. Karauschen, Schleien, Grasfische und Karpfen habe ich nachts in kapitalen Größen gefangen und dies oft genug direkt vor den Füßen! Denn die Dunkelheit animiert die Fische, ihr Futter dicht am Ufer zu suchen, was es uns besonders leicht macht, ihnen mit der Posenrute nachzustellen - selbst, wenn sie nicht länger ist als eine Matchrute von 14 Fuß. Auf lautes Herumtrampeln sollten wir dabei allerdings aus naheliegenden Gründen verzichten!

Oft genug legt sich der Wind, sobald es dunkelt - das Wasser glättet sich und das Anbieten einer Pose gelingt relativ mühelos. In Seen verringert sich damit auch die Unterströmung, sodaß wir die Pose, mit langer Schrotkette sensibel ausgebleit, meist an jeder erfolgversprechenden Stelle vor das Ufer stellen können, ohne daß sie abgetrieben wird.

In der Strömung lassen wir die Pose in etwas übertiefer Einstellung mit dem gleichen Bebleiungsschema, wie wir es bisher verwendet haben, an der Rutenspitze hängen, denn sie laufen zu lassen, bringt nach meiner Erfahrung kaum mehr Erfolg. Wie weit über Wassertiefe eingestellt, hängt von der Strömungsstärke ab. Wichtig ist nur, daß der Köder den Grund berührt. Günstig ist nachts, wenn sich das Vorfach in einer weichen Kurve auf den Boden legt, um den Fischen beim gemächlichen Köderaufsammeln die erschreckende Berührung mit der Schnur zu ersparen.

Die Technik bietet also keine Probleme - bleibt nur, die Pose zu beleuchten. Eine Möglichkeit besteht darin, ein Betalight (falls wir jenseits der deutschen Grenze fischen, denn bei uns sind Betalights, wie unnötigerweise so vieles, verboten!) oder ein Miniknicklicht mit einem transparenten Schlauch auf die Posenantenne zu stecken.

Die Pose sollte mindestens 1.5 g Tragkraft besitzen, da sich sonst die Kopflastigkeit durch das zusätzliche Gewicht von etwa 0.5 g ungünstig auf die Stabilität der Pose auswirkt. Sollte sich zeigen, daß sie mit Leuchtaufsatz nicht stabil im Wasser steht, entfernen wir ein größeres Schrot von der Montage und drücken es direkt unter dem Kiel als Gegengewicht auf die Schnur.

Es reicht aus, den Leuchti zur Hälfte in den Schlauch zu schieben - etwa 2 cm Schlauch schieben wir über die Antenne. Der feste Halt genügt, um selbst dem Drill eines Zwanzigpfünders von 25 Minuten (Strömungskarpfen kämpfen härter!) standzuhalten, wie ich bereits wiederholt das Vergnügen hatte, festzustellen! Für die Befestigung des Leuchtis spielt es keine Rolle, welche Posenform wir verwenden - Tropfen mit feiner, Bolognapose mit tragender Antenne oder Waggler. Sticks eignen sich wegen ihrer dicken Spitze, auf der sich ein Schlauch schlecht befestigen läßt, kaum - ebensowenig Waggler mit Sichtknopf auf der Antennenspitze.

Insert Waggler mit ihrem feinen Antenneneinsatz eignen sich wie alle anderen Waggler mit einer Antennenstärke bis 3 mm besonders gut. Um das Gewicht des Leuchtis auszugleichen, entfernen wir mit der Stonfo-Schrotzange etwa 0.5 g Schrot von der Montage. Vorteil dieser Methode ist, daß wir die Montage kaum ändern, um in der Dunkelheit weiterzufischen.

Eine gute Alternative sind spezielle Knicklichtposen mit einer aufgesteckten dicken Nylonantenne, die herausgezogen und gegen ein Betalight/Miniknicklicht ausgetauscht wird. Das Gewicht der Steckantenne entspricht etwa dem eines Leuchtis. Eventuell muß das Gewicht der Bebleiung mit ein oder zwei kleinen Schroten korrigiert werden. Für das Fischen auf Distanz - z.B. in einem See - werden Posen mit einer stärkeren Antenne angeboten, die gegen das größere Standard-Knicklicht ausgewechselt werden, das sich auf eine Entfernung bis 25 m gut beobachten läßt. Als Bebleiungsschema unter dem Waggler läßt sich auch die Montage mit aufgelegtem Seitenblei einsetzen, wenn zu starke Drift eine Montage mit Schrotkette von der Futterstelle treibt. So ist der Köder auf dem Futter verankert und bietet sich besonders den großen Fischen an, die in aller Ruhe die Futterstelle abweiden.

Vorteil der Knicklichtposen ist, daß sie ohne weitere Hilfsmittel umgerüstet werden - eine Erleichterung für den Angler, der abends mit dem Fischen beginnt, um nachts auf größere Beute anzusitzen. Praktisch, wenn er von vornherein eine Leuchtpose aufziehen kann, die sich später ohne große Veränderung der Montage mit einem Leuchti ausrüsten läßt! Nachteilig ist, daß die Leuchtposen nicht die gleiche filigrane Sensibilität besitzen wie die feinen Tagesposen, denen wir ein Leuchti mit Siliconschlauch aufstecken.

Auf eine Kopflampe oder Flexlampe zum Anstecken (Reservebatterie nicht vergessen!) sollten wir auf keinen Fall verzichten, denn sie ist unersetzlich bei allen Arbeiten an der Montage und beim Anstecken der Köder!

Bleibt nur noch zu erkunden, ob an dem Gewässer, für das wir uns entschieden haben, das Nachtangeln nicht verboten ist!

Mit der Laufpose

Laufposen unterscheiden sich von den Festposen dadurch, daß sie gleitend auf der Schnur angebracht sind. Vor dem Einwurf hängen sie im unteren Bereich der Montage über dem Blei - im Wasser steigen sie durch ihren Auftrieb an der Schnur empor bis zu der vorgesehenen Höhe, die wir mit Hilfe eines verschiebbaren Stopperknotens zuvor auf die Gewässertiefe abstimmen.
Damit die Pose nicht über den Stopper gleitet, sitzt unter dem Knoten eine kleine Glasperle auf der Schnur, deren Durchmesser größer ist als die Öse des Schwimmers. Soviel zum technischen Prinzip.
Wann werden Laufposen eingesetzt? Erste Antwort, ganz klar, wenn die Wassertiefe die Länge der Rute übersteigt und foglich eine Montage mit Festpose nicht mehr eingeworfen werden kann. In der Praxis zeigt sich, daß es für die Präzision der Würfe günstig ist, wenn eine Festposenmontage nicht länger ist als etwa die Hälfte bis zwei Drittel der Rutenlänge.
Das bedeutet, daß an der Matchrute bereits bei 2 m bis 2.50 m Wassertiefe mit einer Laufpose gefischt wird, wie es folgerichtig von vielen Spezialisten aus England empfohlen wird.
Mit der Bolognarute erweitert sich der Bereich in Abhängigkeit von ihrer Länge entsprechend - bei einer 6 m Rute also ab einer Wassertiefe von rund 4 m bei einem Unterarmwurf. Bei einem Überkopfwurf würde ich sogar schon ab 3 m Tiefe eine Laufpose einsetzen, da sich längere Festmontagen nicht sehr gut auf Entfernung werfen lassen.
Englische Matchprofis haben sich - um einen kleinen Einblick in die Trickkiste zu gewähren - eine Methode ausgedacht, auch Wassertiefen mit einer festen Stickpose zu befischen, die die Länge ihrer Matchrute erheblich überschreiten. Denn es ist ein Vorteil, eine Festpose führen, also anheben oder verzögern zu können - eine Technik, die bei Laufposen entfällt.
Die Profis legen die gesamte Länge der Montage mit schwachem Unterarmschwung vor sich ausgestreckt auf das Wasser und ziehen dann - ähnlich dem Wurf einer Fliegenschnur - mit kräftigen Schwung die Rute über den Kopf zurück, wobei sich die Montage in die Luft erhebt und schwingen sie mit einer Art langsamem Peitschenschlag wieder vor - dabei mit dem Zeigefinger über der Rolle die Schnur freigebend.
So fliegt die Montage auf etwa doppelte Rutenlänge voraus ins Ziel. Ungeheuer beeindruckend zu sehen! Wie gesagt - eine Methode der Spezialisten, die man wie einige andere Spezialmethoden die Freude hat, zu beobachten,

wenn man z.B. Freunde zu den englischen National Championchips begleiten darf, um die Techniken der Meister aus allernächster Nähe zu bestaunen. Und sie vor allem nach Sinn und Zweck ihres seltsamen Tuns befragen darf! Und sie auch nach nächtelangem Frage- und Antwortspiel immer noch geduldig und freundschaftlich die Hintergründe erläutern! Erstaunlich genug, daß sich gerade die größten Könner durch die geduldigste Hilfsbereitschaft auszeichnen, wie ich Gelegenheit hatte, bei sechs amtierenden und gewesenen Weltmeistern zu bewundern!

Zurück zur Laufpose. Nicht nur die Wassertiefe - auch die Wurfweite ist entscheidend. Eine Montage mit zwei Massepunkten - dem Blei und der Pose mit ihrem Eigengewicht - wirft nicht so weit wie eine Montage mit der Konzentration des Gewichtes auf einem Punkt.

Soll maximale Wurfweite erreicht werden, besitzt eine kurze Schrotkette in Verbindung mit dem vorgebleiten (loaded) Waggler als Laufpose die besten Flugeigenschaften. Das schwere Eigengewicht des Wagglers sorgt dafür, daß die Pose im Flug nicht durch den Luftwiderstand auf der Schnur zurückgleiten kann, sondern bis zur Landung dicht an der Bebleiung bleibt.

Für den geübten Könner dient die kurze Laufposenmontage dazu, seinen Köder möglichst dicht vor einem Hindernis plazieren zu können - z.B. vor der Kante des gegenüberliegenden Ufers oder vor einer Insel, einer Schilfkante, einem Seerosenfeld. Eine lange Montage mit Festpose würde dazu führen, daß die Pose zwar korrekt im Ziel einschlägt, der Köder jedoch zwangsläufig über das Ziel hinausfliegend auf dem Trockenen landet.

Auch bei Gegenwind ist eine lange Festposenmontage gefährdet - häufig führen die Würfe zum Verhängen des Vorfachs in den Schroten oder der Schrote ineinander. Eine kurze Laufposenmontage fliegt auch im Gegenwind hervorragend und vor allem "tangle free" - also ohne Verhängen.

Als Laufposen werden die wesentlichen Posenformen angeboten, ähnlich wie wir sie auch als Festpose einsetzen. Ihre Wahl entscheidet sich nach den gleichen Gesichtspunkten wie die Wahl des entsprechenden festen Modells - Stabform für den See, Tropfen mit oder ohne Torpille und verteilter Schrotkette für freies Treiben über Grund in der Strömung, umgekehrte Tropfen für die Verzögerung durch schleifende Schrote auf Grund. Nachteil aller Laufposen ist jedoch, daß wir sie nicht halten, also auch nicht führen können, da sie bei Zug abtauchen!

Bedingt durch die notwendige Geradlinigkeit in der Schnurführung, damit die Pose nach dem Einwurf ungehindert aufsteigen kann, sind Laufposen mit zwei Ösen generell etwas schlanker gebaut und eignen sich daher nicht

für die allerwildeste Strömung. Eine dickbauchige Form zwänge die Schnur, die Rundung zu umlaufen und würde damit ihr Auftauchen behindern.
Waggler als Laufpose kommen in Seen und in schwacher Strömung zum Einsatz, wenn bei Wind die Schnur unter Wasser gezogen werden muß, um sie nicht abtreiben zu lassen. Je nach Wurfweite werden unbeschwerte oder vorgebleite Modelle eingesetzt.
Ein unbeschwertes Modell wie z.B. ein Straight Peacock Waggler genießt den Vorzug, durch sein geringes Gewicht beim Einschlag weniger tief einzutauchen und durch seinen starken Auftrieb sehr viel schneller wieder aufzutauchen.
Der loaded Waggler dagegen fliegt wie ein Pfeil. Er erreicht aufgrund seines Gewichtes große Weiten, taucht jedoch nach dem Einschlag nur sehr zögerlich wieder auf.
Sein Vorteil als Laufpose: während eine Festpose auf große Entfernung erheblich den Anhieb behindern kann, da die ganze Pose bewegt und umgedreht werden muß, damit der Anschlag über die Pose zum Haken durchkommen kann, läßt ein gleitender Waggler zu, daß die Schnur durchgezogen wird und direkt auf den Haken einwirken kann.
Die Tragkraft der Laufposen darf nicht zu gering gewählt werden - unter 2 g könnte die Bebleiung nicht ausreichen, den Köder durch die Posenösen zum Grund zu ziehen und die Pose könnte zu schwach sein, mit ihrem geringen Auftrieb gegen den Reibungswiderstand der Schnur zur Oberfläche zu steigen. Also wählen wir Posen mit mindestens 2 g Tragkraft, um ihrer einwandfreien Funktion sicher zu sein.
Die Bebleiung der Laufposen folgt den gleichen Prinzipien wie die der anderen Modelle - lange Kette für eine sensible Köderpräsentation, die in der Strömung auch frei treiben und zur Verzögerung mit Übertiefe ein Schrot über Grund schleifen darf. Kompakte Bebleiung für das Auflegen auf, bzw. das Schleifen über Grund.
Anmerkung zum Stopperknoten: es gibt zwar fertig gebundene Knoten im Handel. Aber das Binden des Knotens ist sehr einfach und läßt sich in wenigen Sekunden durchführen, weshalb die meisten Angler sich ihre Knoten selbst binden.
Die Schnurenden sollten etwa 2 cm lang abgeschnitten werden, damit sie weich und ohne Widerstand durch die Ringe gleiten. Und auf der Rolle neigen sie in dieser Länge am wenigsten, den Schnurablauf beim Wurf zu behindern. Darüberhinaus dienen die Enden dazu, den Knoten festziehen zu können, falls er sich während des Fischens lockert!

Mit aufgelegtem Blei

Üblicherweise wird eine Pose mit treibender Montage, also Blei über Grund gefischt. Bestimmte Techniken wie die klassische Bolognamethode sehen auch vor, einen Teil der Bebleiung auf Grund liegen und von der korrekt austarierten, bzw. nur leicht unterbleiten Pose mit der Strömung abwärts schleppen zu lassen. Auch dies eine Methode, bei der unser Köder, wenn auch verzögert, treibend angeboten wird.

Nun hat sich in den letzten Jahrzehnten durch die Erfahrungen des Angelns mit dem Bodenblei gezeigt, daß mit den Legermethoden (Angeln mit Grundrute und Bodenblei) tendenziell eher die großen Fische gefangen werden, während sich der Angler mit treibender Pose zwar mit vielen, aber eher den kleineren Fischen zufrieden geben muß.

So ist es naheliegend, beide Methoden zu verbinden - das Bodenblei mit seinem ruhig am Futterplatz verharrenden Köder und die feine Bißanzeige der Pose. Das beste aus beiden Welten in einer starken Verbindung: Posenfischen mit Bodenblei - "Float Leger", wie es die Engländer nennen.

In meinem ersten Buch „fishing english - englisch fischen" habe ich diese Methode bereits besprochen - allerdings mit dem Eindruck verbunden, als ließe sich Float Leger nur in Verbindung mit einer Laufpose einsetzen. Das ist so nicht richtig. Abesehen davon, daß ich es damals nicht sehr viel besser wußte und die im Kern richtige Methode aus mangelnder Erfahrung viel zu kompliziert gemacht habe: die Float Leger Technik wird sowohl mit der Festpose als auch mit Laufpose gefischt - je nach den Verhältnissen.

Während die Festpose im Nahbereich den Vorteil bietet, sie durch Halten oder Anheben besser kontrollieren zu können, erlaubt eine Laufpose die weiteren Würfe. Dies sogar mit der größeren Wahrscheinlichkeit, daß sich nichts verhängt, wie im letzten Kapitel bereits angesprochen wurde.

Als Posen für das Stillwasser eignen sich schlanke Tropfen und Waggler, die beide als Fest- oder Laufpose montiert werden können - Tropfen werden von verschiedenen Herstellern auch als Laufpose angeboten. Vorteil der Tropfenpose: Wenn wir die Futterstelle leicht überwerfen, können wir die Montage nach und nach in kleinen Schritten über die Futterstelle zupfen, ohne die Pose abtauchen zu lassen. Bewegung verstärkt den Reiz des Köders und besonders, wenn die Fische wenig beißfreudig sind, erhöhen wir mit dieser Technik unsere Chancen auf guten Fang.

Ein Waggler dagegen erlaubt, die gesamte Schnur dem Wind zu entziehen, indem wir sie unter Wasser legen. Durch leichte Änderungen der Schnur-

spannung bestimmen wir, wie weit die Antenne aus dem Wasser ragt - bei lockerer Schnur steigt sie, bei straffer Schnur sinkt sie.
Ideal ist das Modell „Windbeater", dessen feine Antenne keine Tragkraft besitzt, den Fischen folglich kaum spürbaren Widerstand bietet, Wind und Wellen unerschüttert widersteht und mit seinem Sichtknopf an der Spitze weithin zu erkennen ist. Wird er unter Wasser gedrückt, muß allerdings zu einem Waggler mit tragender Antenne gewechselt werden - z.b. einem Straight oder Bodied Peacock! In etwas kräftigerer Strömung brauchen wir einen umgekehrten Tropfen oder einen Waggler mit tragender Antenne - auch hier wieder sind der dicke Peacock und ähnliche Modelle ideal.
Inzwischen werden verschiedene Laufposenserien mit Lauföse oben und am Ende des Kiels sowohl als umgekehrte Tropfen mit tragender Antenne (z.B. von Grebenstein), als auch in Tropfenform mit dicker Balsa-Antenne (z.B. die Windsee von Flotex und Galaxy-Lauf von Trabucco) in ausreichender Vielfalt angeboten, sodaß es nicht mehr nötig ist, sich selbst geeignete Posenformen entsprechend umzuarbeiten.
Der Strömungsdruck eines Fließwassers auf Schnur und Montage läßt keine große Einsatzentfernung zu - bereits unter 20 m ist die Grenze der Methode erreicht. Wenn wir uns also für eine Laufpose entscheiden, dann nicht wegen der besseren Wurffähigkeit, sondern wegen der Gewässertiefe.
Zu Größe und Gewicht von Pose und Blei: entscheidend ist die Stärke der Strömung, bzw. der Drift. Die Größe der Pose wählen wir so, daß sie *gerade eben* nicht untergeht - sie muß so leicht wie möglich sein, um dem Fisch den geringstmöglichen Widerstand entgegenzusetzen. Hängt sie gerade noch mit einem Restchen von Überschuß an Tragfähigkeit an der Oberfläche, reicht der leichteste Zug, um sie völlig verschwinden zu lassen. Daher ist es überflüssig, sie mit zusätzlichen Schroten über Grund auszubleien, um ihre Sensibilität zu verstärken.
Als Bebleiung kommen nur kleine Seitenbleie mit eingelassener, drehbarer Öse in Betracht. Das Gewicht wird so gewählt, daß es *gerade eben* nicht abgetrieben wird. Der leichteste Zug, der die durchschnittliche Strömungsstärke übersteigt, muß die Montage stromab wandern lassen. So ist die gesamte Anordnung äußerst sensibel und fängig - auch wenn sie auf den ersten Blick etwas plump erscheinen mag. Sie ist es nicht! Sie ist im Gegenteil sehr fein ausgewogen und bietet viele praktische Vorteile, wie z.B. dank ihrer guten Wurfeigenschaften das Anbieten eines liegenden Köders, der nicht abgetrieben wird, ohne Risiko des Verhängens auf größte Distanz, wenn es z.B. in einem See die Strömungsverhältnisse erlauben.

Zwangsläufig ist das Bleigewicht größer als die Tragkraft der Pose. Wäre es nicht so, würde die Pose das Blei in der Strömung mit sich ziehen - Aufgabe des Bleies ist jedoch, die Pose am Grund zu verankern, bis ein Fisch das Gleichgewicht stört, indem er an dem Köder zieht!
Die Tiefe muß nicht gelotet werden - verschwindet die Pose nach dem Wurf, schieben wir sie höher. Liegt sie flach auf dem Wasser, wird sie tiefer geschoben. Ideal ist es, wenn sie etwas übertief steht und wir sie dann mit leichtem Zug an der Schnur soweit absenken, daß nur noch die Antennenspitze aus dem Wasser ragt - auf Distanz natürlich etwas mehr, damit nicht ein Fernglas unsere müden Hände strapazieren muß!
Diese Methode erlaubt ebenfalls, sowohl stromab als auch stromauf einzuwerfen. Der Schnurwinkel beim Fischen stromauf läuft etwas direkter zum Haken - ein Vorteil, der sich beim Anhieb geltend macht. Ein leichter Zug an der Schnur läßt die Montage in unsere Richtung wandern - das Blei versetzt sich leicht stromab. Vorteilhaft, da wir damit unsere Futterstelle nach Belieben absuchen können und dem Köder etwas zusätzlichen Bewegungsreiz verleihen!

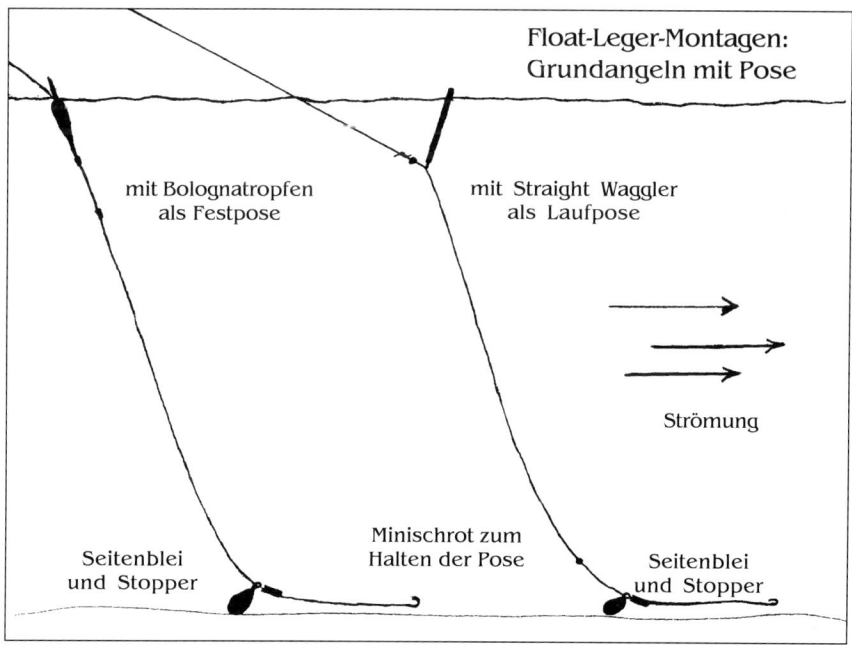

Big Wagg - der vorgebleite Weitwurfwaggler

Die landläufige Meinung besagt, das Posenfischen wäre eine Methode für den Nahbereich bis 25 m und das Fischen mit dem Bodenblei die Alternative für den Einsatz auf größere Entfernung. Falsch! Spezialisten fischen heute den Winklepicker vor den Füßen und die Pose steht 60 m entfernt auf der anderen Seite des riesigen Kanals. Warum? Ganz einfach: die Weide *hinter* dem Zaun ist immer grüner! Will sagen, auf der anderen Seite *müssen* die Fische einfach größer, schöner und schwerer sein und schneller, weiter und höher schwimmen, springen und fliegen!

Aber auch bei ernsthafter Betrachtung gibt es Gründe, die uns veranlassen können, die Pose in 60 m Entfernung aufzustellen - z.B. wenn die gesamte schuppentragende Anwohnerschaft eines Sees beharrlich der einzigen freien Uferstelle fernbleibt, die sich beangeln läßt, während sich die restliche Uferzone durch engstehende Bäume, Schilf und Seerosenfelder schützt und die Fische sich unkameradschaftlicherweise gegenüber im entferntesten Winkel verteilen. Oder wenn ein breiter Kanal in einer weitläufigen Kurve jeden Schlepper veranlaßt, weitausholend direkt unter dem Ufer an unseren Rutenspitzen entlangzukratzen und jede eingeworfene Futterkrume mit dem Dieselpropeller zermahlen würde, während die andere Seite weit genug vom Sog entfernt ist, um das Futter liegenzulassen.

Während schlichte Gemüter wie ich einfach zu einem Winklepicker greifen, um die andere Seite ohne viel Mühe zu befischen, weist der Spezialist auf die Tatsache hin, daß seine Weitwurfpose ihm erlaubt, trotz ihres großen Gewichtes eine leichte Montage von nur 2 bis 3 g Zusatzgewicht auf der Schnur frei am gegenüberliegenden Ufer entlangtreiben zu lassen, während der Picker nur ein festliegendes Bodenblei erlaubt. Korrekter Gedanke!

Aber es könnte auch ein kräftiger Gegenwind dafür sorgen, daß unsere konventionelle Montage mit unbeschwerter Pose nie das Ziel erreicht, nachdem wir vorher noch bei morgendlicher Windstille mit viel Sorgfalt eine Futterstelle in der ohne weiteres üblichen Entfernung von 20 m angelegt haben. In all diesen Situationen ist der Big Waggler mit 10 g Eigengewicht und 2 bis 3 g zusätzlicher Tragkraft ein Segen.

Nicht zu überbietende Flugeigenschaften in Weite und Geradlinigkeit besitzen die inzwischen von verschiedenen Herstellern angebotenen Waggler mit langem Pfauenfederkiel und aufgeleimtem Körper aus Balsa. Zudem besitzt die Pfauenfeder eine hervorragende Tragfähigkeit und ihre starke Spitze ragt auch bei Wind und Wellen deutlich sichtbar empor!

Angler mit einer Auswahl von Wagglern und einem Stick

Zu den erforderlichen Eigenschaften: Exakt in der Mitte und in einer Flucht sitzende Antennen und Messingkerne sind wichtig für einen sauberen, wackelfreien Flug. Eine zu dünne Antennenspitze läßt sich auf Distanz nur schlecht im Auge behalten. Die moderne Befestigung des Wagglers auf der Schnur mit Hilfe eines Gewindes (siehe S. 51) ist äußerst komfortabel, muß uns aber nicht abhalten, einen Waggler mit normalem Öhr zu kaufen, wenn er uns günstiger als die sündhaft teuren Nobelstücke angeboten wird!
Um eine maximale Wurfweite zu erzielen, ist die Montage des Big Waggler als Laufpose zu empfehlen - Blei und Wurfgewicht der Pose dicht beieinander. Da diese schweren Waggler eine erhebliche Belastung für die Schnur darstellen, die nach mehreren Würfen zu einem Schnurbruch unter Verlust der kostspieligen Pose führen können, sollte ein Schnurschoner eingebaut werden, der die im Wurf entstehenden Kräfte auffängt und verteilt.
Ich empfehle, den Connector oder Minikarabiner, der zur Befestigung der Pose dient, mit dem freien Öhr auf ein 10 mm langes Stück Siliconschlauch zu schieben (siehe Zeichnung - S. 51). Um das zu erleichtern, schneiden wir ein Ende des Schlauches spitz zu, fädeln es mit Gewalt durch das Öhr, bis es in der Mitte des Schlauches sitzt und schneiden das spitze Ende gerade ab. Nun auf die Schnur fädeln, nachdem Stopper und Glasperle angebracht wurden, und die Bebleiung in Form einer kurzen Schrotkette aufbauen.

Ich weiß nicht, warum es so ist, aber die Montage verhängt sich seltener, wenn die Pose durch ein kleines Schrot gehalten etwa 20 cm über der Hauptbebleiung sitzt, die aus drei bis vier eng zusammengerückten Schroten etwa 1 m über dem Haken bestehen darf. Als Kontaktmelder sitzt 30 bis 50 cm über dem Haken nur ein einzelnes Schrot.

Ist das Wasser nicht sehr tief oder sind die Würfe nicht übermäßig weit, darf der Waggler auch als Festpose eingesetzt werden. Die Montage dafür ist identisch mit der eben beschriebenen - nur werden über und unter dem Schlauchdämpfer, auf dem der Waggler sitzt, zwei Schrote als Stopper angebracht. Ist die zusätzliche Tragkraft nicht sehr groß, so daß die als Stopper genutzten Schrote unten an der Montage fehlen würden, um den Köder in Grundnähe zu halten, lassen sich alternativ auch die bereits erwähnten Stopper aus 5 mm Schlauch plus Zahnstocher verwenden, um den Waggler festzusetzen.

Da der Schlauchdämpfer weich federnd nachgibt und so einen erheblichen Teil der Wurfenergie absorbiert, müssen die Stopper oder Stopperschrote nicht sehr groß sein - der Dämpfer zwischen Waggler und Stopper sorgt dafür, daß sie nicht verschoben oder abgeschlagen werden.

Im Wurf ist es wichtig, die Rutenspitze gleich nach Freigeben der Schnur tief herunterzusenken, um den Schnurbogen so tief wie möglich zu ziehen und zu verhindern, daß sich das oberhalb der Pose fliegende Vorfach verfängt. Vor der Landung bremst der Zeigefinger an der Spule den Flug und sorgt dafür, daß sich die Montage streckt, und das Vorfach vorausfliegen kann, um sauber gestreckt mit einem mächtigen Splatsch im Wasser zu landen.

Um nicht die Fische zu verscheuchen, wäre es angeraten, die Futterstelle um einige Meter zu überwerfen und dann entsprechend zurückzukurbeln. Bei querlaufendem Wind (auch stromauf, damit er die Pose nicht aus der Futterspur zieht) tauchen wir während des Aufspulens die Rutenspitze ein und ziehen die Schnur unter Wasser. Es liegt auf der Hand, daß diese Vorsichtsmaßnahme besonders in flachen Gewässern nötig ist, denn vorgebleite Waggler tauchen besonders tief nach der Landung!

Das präzise Füttern auf die große Entfernung fällt nicht eben leicht - die einzig tolle Lösung ist hier das ferngesteuerte Futterboot für nur 1.300,- DM. Mal ehrlich - ohne geht es einfach nicht! (Sowas gibt es allen Ernstes!). Wem Formgebung und Lackierung des Bootes zu unsportlich sind, der behilft sich mit konventionellen Mitteln - beinharte Futterballen in die Armbrust, pardon - ich meine in das Katapultkörbchen gelegt und wuutsch - hinüber mit dem Zeug! Guten Arm- und Posenbruch mit auf den Weg!

Teil 3: Köder, Futter und Fütterhilfen

Köder

Made:
Der Standardköder Nr. 1 des Posenanglers ist die Made in beiden bekannten Formen: als große *Fleischmade* und als kleine *Pinkie*. Beide fangen alle Weißfischarten und besonders Schwarmfische wie Plötzen und Brassen. Einzeln an kleinem Haken (Made: Gr. 18-20, Pinkie: Gr. 20-22) für vorsichtig beißende Fische - zwei Stück auf einem entsprechend größeren Haken, wenn ein hungriger Schwarm in Beißlaune auf dem Futter steht. Ihr Reiz liegt in ihrer lebendigen Bewegung am Haken. Dazu kommt der intensive Geruch nach Proteinen und Aminosäuren, die die hocheiweißhaltigen Maden verströmen. Am Grund angeboten, werden sie in der Hautfalte oberhalb der beiden „Augenpunkte" an ihrem flachen Ende angeködert. Sollen sie die Fische im Absinken der Montage verführen (Drop-Methode), dürfen sie auch in der Mitte, also quer am Haken hängend, angeködert werden. In dieser Lage unterscheiden sie sich nicht von den frei als Futter eingestreuten Maden, die ebenfalls in Querlage absinken!

Zur Behandlung der Maden:
Maden möglichst frisch kaufen. (Frische Maden erkennt man an dem dunklen Magenfleck in ihrem Innern). Sollen sie sofort eingesetzt werden, kauft man sie am besten im 0.5 l oder 1 l Beutel pur, also ohne Sägemehl. Sollen sie einige Tage gelagert werden, ist die Aufbewahrung in Sägemehl besser, um sie trocken zu halten - sie müssen aber vor Verwendung sorgfältig auf einem Madensieb gerüttelt werden. Die Maden direkt vor dem Einsatz in den feinsten Aquariumkescher geben und unter fließendem Wasser gründlich waschen, um sie von ihrem Ammoniakgeruch zu befreien. Mit einem Leinwandtuch trocknen und in eine spezielle Madendose mit Luftlöchern füllen. Einige Eßlöffel feinstes Maismehl über die Maden streuen und durch Schütteln der Dose gut verteilen - so wird die Feuchtigkeit aufgesogen und die Maden bleiben trocken. Es lohnt sich, auch mit Pulveraroma zu experimentieren: einige Löffel Pulver über die Maden streuen und gut verteilen. Sie nehmen das Aroma auf und erhalten so eine verstärkte Lockwirkung.
Am besten werden die Maden im Kühlschrank bei einer Idealtemperatur zwischen - 2 und 0 Grad C. gelagert. Bei dieser Temperatur halten sie sich je nach Jahreszeit über längere Zeit frisch und bedürfen keiner weiteren Pflege, außer gelegentlich die Hüllen abgestorbener Maden herauszusammeln, die an der dunkleren Färbung und ihrer zusammengesunkenen, schlaffen Pelle leicht zu erkennen sind.

Am Angelwasser halten sie sich in großer Sommerhitze allerdings nicht lange und beginnen schon vor Ablauf des Tages, sich zu verpuppen oder unansehnlich zu werden. Wem es nicht zuviel Aufwand ist, der wird sich eine kleine Kühlbox anschaffen, in der er alle Köder kühlt und ihr nach Bedarf jeweils kleine Mengen entnimmt - wobei er darauf achtet, daß die Box nur so kurz wie möglich geöffnet ist!

Eine Köderreserve mit ganz eigenem Reiz, die uns auch für den Notfall bereit steht, stellen tiefgefrorene Maden dar. Wieder aufgetaut, nehmen die Maden eine bräunliche Färbung an und sind schlaff und insgesamt unansehnlich. Dennoch fangen sie! Ihre Anziehungskraft wird erheblich gesteigert, wenn sie vor dem Einfrieren in einem Plastikbeutel mit einigen Tropfen Flüssigaroma geschwenkt werden. Aber welche Flavours sind für frische und gefrorene Maden erfolgreich? Leider läßt sich das nicht schlüssig beantworten - man muß es probieren! Die Bedingungen sind für unterschiedliche Gewässer und Jahreszeiten, durch Temperatur und pH-Wert des Wassers und natürliches Nahrungsangebot so verschieden, daß sich.kein universell anwendbares Erfolgsrezept für alle Gewässer entwickeln läßt.

Meine Erfahrungen deuten allerdings darauf hin, daß im Sommer eher die süßen und bei kühlem Wasser die würzigen Aromen erfolgreich sind. Als sehr erfolgreich erweisen sich Aromen wie Vanille, Mais, Hanf, Schokolade, verschiedene Fischöle und besonders die Fantasiemischungen Scopex und Tutti Frutti. Für kühleres Wasser Curry und Spekulatius und drei Tropfen Alkohol, mit dem sich bei kaltem Wasser die Flavours besser verteilen! Falls Grundfutter, dann wird es selbstverständlich mit dem gleichen Flavour präpariert! Um das fängigste Rezept zu erforschen, kann es lohnend sein, sich ein Sortiment der erfolgreichsten Flavours zuzulegen und je eine kleine Menge Maden zu präparieren. An den nächsten Angeltagen werden dann im Abstand von 5 Meter zwei Futterstellen angelegt - eine mit neutralen und eine mit aromatisierten Maden. Beide Stellen werden im Wechsel befischt und es sollte sich bald zeigen, welcher Duft am erfolgreichsten ist!

Mit dem pulvrigen *Madenkleber* überstreut, können Maden durch Anfeuchten in beliebiger Menge zusammengeklebt werden. Es entsteht eine Art fester „Madenkuchen", von dem wir ein Stück abreißen und es an unsere Futterstelle werfen (z.B. mit der Futterkelle auf dem Kescherstock). Der Vorteil: die Maden streuen nicht, sondern landen auf einer eng begrenzten Stelle und sie fliegen weiter als lose mit dem Katapult eingeschossen! Und wenn an einem Gewässer eine Beschränkung der Futtermenge besteht, bietet der Kleber die Chance, auch mit kleiner Menge sehr konzentriert zu füttern.

Caster:
Die Madenpuppen werden im Anfangsstadium ihrer Verpuppung mit hellbrauner Färbung Caster genannt und stellen einen hervorragenden Köder dar - besonders für größere Fische wie Brassen, Barbe, Schleie, Aland und Döbel. Ihr Wert erweist sich auch an Gewässern, die stark mit Maden beangelt werden - oft genug kommt es vor, daß kapitale Burschen sich von einem Caster verführen lassen, nachdem sie jede Made unbeachtet ließen!
Aufgrund neuer Techniken werden Caster heute gut konserviert geliefert und bleiben im Kühlschrank bei 0 bis +2 Grad C. wochenlang frisch. Es ist folglich kein Risiko, sie auf Vorrat zu bestellen und entsprechend zu lagern! Eine Eigenschaft frischer Caster ist, daß sie im Wasser langsam sinken. Nun kann es gelegentlich von Vorteil sein, schwebende, bzw. aufsteigende Köder zu verwenden, die nur durch das Gewicht des Hakens beschwert, nach dem Einwurf langsam sinken und dann leichtgewichtig auf dem Boden liegen: z.B. reagieren die Fische häufig auf langsam zu Boden rieselnde Köder mit schnellem Zugriff (Caster sind der perfekte Köder für die Drop-Methode). Und ein nur durch das Hakengewicht am Boden gehaltener Köder fliegt einem Fisch, der ihn ansaugt, gewichtslos in das Maul mit der besten Aussicht, ihn auf diese Art an den Haken zu bringen. Wenn Caster einige Zeit offen an warmer Luft stehen, verfärben sie sich über dunkelbraun bis schwarz und beginnen, auf dem Wasser zu schwimmen. Um schwimmende Köder zu erhalten, lassen wir also lediglich die gewünschte Menge einige Zeit offen stehen, bis die Caster eine dunklere Färbung angenommen haben.

Zuckmückenlarven (Bloodworm):
Zuckmückenlarven stellen die Hauptnahrung vieler Weißfischarten dar und sind daher extrem erfolgreich. Aus diesem Grund waren sie jahrzehntelang der „Geheimköder" der erfolgreichsten Wettangler. Ihre Winzigkeit erfordert Hakengröße 22 oder 24. Wenn mehrere Larven mit Sekundenkleber aufgeklebt werden, sind auch größere Haken möglich. Da sie zum Fischen sehr frisch sein sollten, ist es am besten, sie mit einem feinen Aquariumsieb selbst zu sammeln. Wenn sie auch dem Futter zugesetzt werden, unbedingt vorher prüfen, ob sie noch frisch genug sind. Ältere Larven schwimmen und locken die Fische, die den abtreibenden Larven folgen, von der Futterstelle!

Würmer:
Würmer stellen einen erfolgreichen und weit verbreiteten Universalköder dar. Die quicklebendigen *Rot- und Laubwürmer* üben einen starken Reiz

auf alle Weißfischarten aus. Döbel, Schleien und Brassen scheinen geradezu wild nach ihnen zu sein und oft genug fangen sie ihren Fisch auch ohne weitere Lockfütterung. Von dicken *Tauwürmern* lassen sich auch besonders große Fische verführen. Alle Würmer können in einer speziellen Wurmbox im kühlen Keller über längere Zeit gehalten werden.

Fleisch:
Kleine Stücke von rohem Steak sind ein äußerst fängiger Köder. Fleisch entwickelt eine intensive Duftspur im Wasser und nahezu alle heimischen Fischarten lassen sich davon verführen. Es könnte allerdings nötig sein, einige Tage mit kleinen Stücken anzufüttern, falls der Köder nicht spontan genommen wird. Da die gefütterten Happen sehr klein sind, ist es finanziell nicht sehr belastend - 100 g Fleisch kleingeschnitten reichen pro Fütterung völlig aus!
Zu beachten ist, daß die Fleischstücke im Wasser zu fast doppelter Größe anschwellen - der Haken muß also groß genug gewählt werden, damit die Spitze nicht durch den geschwollenen Köder überdeckt werden kann. So wird z.B. ein Stück in Größe einer Made auf den Schenkel eines Hakens der Größe 14 geschoben. Vorteilhaft ist, daß es äußerst haltbar auf dem Haken sitzt und kaum von Kleinfischen heruntergezupft werden kann!

Brot:
Frisches Brot ist ein sehr fängiger Universalköder, dem kaum ein Friedfisch widersteht. Dunkle Sorten duften intensiv nach Getreide und sind schwer. Weißbrot duftet weniger stark, ist aber ebenfalls äußerst fängig. Beim feinen Posenfischen wird die weiche, innere Flocke verwendet. Ein Stück Brotflocke wird zwischen Daumen und Zeigefinger gerollt und geknetet und dann als Kügelchen auf die Hakenspitze gesteckt. Durch das Kneten ist sie so verdichtet, daß sie kaum noch Luft speichert und im Wasser sinkt. Aufgrund der lockeren Beschaffenheit sitzt der Köder nicht sehr fest am Haken und muß in kürzeren Abständen - besonders nach jedem Zupfer - kontrolliert werden. Für weite Würfe eignet sich dieser Köder nicht!
In England ist der *Bread-Punch* äußerst beliebt - ein Locher, mit dem passende Stückchen Brot auf einer festen Unterlage aus der Brotscheibe herausgestochen werden (aber auch Stücke aus einer Scheibe *Kartoffel,* wenn jemand diesen Köder-Oldtimer verwenden will). Die Festigkeit des Köders bestimmt sich dadurch, wie dick wir die Brotscheibe schneiden. Bessere Punchs besitzen Wechselspitzen mit unterschiedlichen Durchmessern.

Mais:
Mais gehört zu den extrem erfolgreichen und daher weit verbreiteten Universalködern für Friedfische. In seiner fängigsten Form beziehen wir ihn gebrauchsfertig in Konserven aus dem Supermarkt. Der Dosenmais ist süß und weich - gerade so, wie es alle Friedfische lieben. Er wird ohne weitere Zubereitung und ohne Aromazusätze so verwendet wie er aus der Büchse kommt und da er sehr billig ist, bietet es sich an, ihn auch zum Füttern zu verwenden. Das stark duftende Wasser der Konserve wird dem Grundfutter beigemischt - die Körner füllen wir in eine Köderschachtel um.

Die Konservenbüchse wie auch Madenschachteln und sonstige Verpackungen bitte auf keinen Fall mit an das Wasser nehmen, um das Risiko auszuschalten, daß sie versehentlich am Ufer liegenbleiben! Generell gehören alle Köder in spezielle Köderschachteln, die wiederverwendet werden, denn gerade wir Angler achten besonders darauf, daß nicht Müll und Unrat am Ufer unsere kostbare Natur verschandelt!

Hanf:
Hanf gehört wie die anderen Getreidearten zu den sogenannten Partikelködern und wird sowohl am Haken angeboten, als auch in großen Mengen zum Anlegen einer Futterstelle genutzt. Abgesehen davon, daß Friedfische allgemein sehr positiv auf Hanf reagieren, hat er eine nützliche Eigenschaft: Hanf wirkt als Abführmittel und sättigt die Fische nicht, sondern macht ihnen Appetit. Daher ist es empfehlenswert, seinem Grundfutter immer auch Hanfpulver beizugeben!

Plötzen werden von Hanf geradezu wild. Als Hakenköder ist er praktisch eine Garantie, diese Fische gezielt an den Haken zu bekommen. Größere Arten wie Brassen, Barben oder Alande werden mit Hanf nur angefüttert, während beispielsweise Mais den Hakenköder bildet. Da Hanfkörner sehr hart sind, können sie nur mit ihrem beim Kochen aufgeplatzten Spalt angeködert werden: der Spalt wird auf den Bogen eines kleinen, feindrähtigen Hakens der Größe 18-20 geklemmt. Wenn zwei Körner angeködert werden, läßt sich auch ein Haken Gr. 16 verwenden - das zweite Korn sitzt dann auf dem Schenkel.

Zubereitung:
Den Hanf in einen Topf geben und mit Wasser bedecken. 24 Stunden ziehen lassen und dann etwa 20 Minuten schwach kochen, bis die Körner sich öffnen und im Spalt ein weißer Streifen sichtbar wird. In einem Sieb abgießen und abtropfen lassen. Im Kühlschrank oder in der Tiefkühltruhe aufbewahren.

Weizen:
Dieses Getreide ist ebenfalls ein Partikelköder, der am Haken angeboten und in Massen gefüttert wird. Friedfische reagieren auf den Duft des Weizens sehr positiv. Ein Haken Gr. 16 nimmt in seinem Bogen ein einzelnes Weizenkorn auf. Die gute Haltbarkeit am Haken erlaubt auch weite Würfe.
Auch Weizen muß 24 Stunden in kaltem Wasser quellen. Schwach kochen, bis die Körner deutlich schwellen und sich bräunlich verfärben. Dann abgießen, abtropfen lassen und kühl aufbewahren, bzw. einfrieren.
Noch wirksamer wird er, wenn wir dem Wasser etwas Flavour zugeben. Da Weizen beim Quellen viel Wasser aufnimmt, wird er vom Flavour völlig durchdrungen und bewahrt sein Aroma am Haken für lange Zeit. Als Futter verbreitet er eine weitreichende und für lange Zeit wirksame Duftwolke, die auch Fische in größerer Entfernung anspricht.

Kichererbsen:
Diese für den Posenangler ungewohnt großen Köder bewähren sich z.B. bei Aland und Döbel, aber auch beim Karpfenangeln. Natürlich eignen sie sich nicht für Massenfänge, sondern werden vom Spezialisten beim Ansitz auf große Fische angeboten. Die Zubereitung: 24 Stunden in Wasser quellen lassen und 15 bis 20 Minuten schwach kochen. Um den Reiz zu verstärken, kann dem kalten Wasser gleich zu Beginn Zucker und ein Flavour wie Honig, Vanille oder Scopex zugegeben werden. An Gewässern, die noch nicht mit Kichererbsen beangelt wurden, kann es nötig sein, einige Tage mit einer kleineren Menge beginnend, dann bis zu 2 kg pro Tag anzufüttern, um die Fische an den neuen Köder zu gewöhnen. Eine größere Menge dieses sehr billigen Köders anzufüttern ist empfehlenswert, da die Fische sehr begierig alles vertilgen, sobald sie diese Futterquelle als Nahrung entdeckt haben. Es kann den Gewöhnungsprozeß erheblich beschleunigen, wenn wir die Erbsen vor dem Einwurf z.B. mit einem Stein etwas zerkleinern!
Wegen ihrer Festigkeit müssen Kichererbsen so angeködert werden, daß Spitze und Bogen des Hakens frei bleiben. Mit einer Ködernadel das Vorfach durch die Erbse ziehen und sie dann über das Öhr auf den Schenkel eines Hakens der Größe 8 bis 10 schieben. Ideal wäre allerdings, den Köder am Haar anzubieten, da sich Kichererbsen aufgrund ihrer guten Haltbarkeit bestens dazu eignen. Mit der Haarmontage ist die Kichererbse auch für weiteste Würfe geeignet. Der Köder löst sich nicht von der Montage, bis er von einem Fisch genommen wird! Dies natürlich eine Strategie für das Posenangeln mit schwerem Gerät, wenn es um einzelne, große Fische geht!

Käse:
Käse ist einer der Köder, die helfen können, wenn die bekannten Standardköder versagen, wobei Döbel und Aland eine ausgesprochene Vorliebe für Käse zu haben scheinen. Da Schnittkäse eine hohe Festigkeit besitzt, ist er auch für kraftvolle Würfe mit dem Weitwurfwaggler geeignet, ohne sich vom Haken zu lösen. Es ist allerdings wie generell bei allen festen Ködern darauf zu achten, daß die Hakenspitze nicht bedeckt wird, damit der Anhieb greifen kann! Im Prinzip kommen alle geschmeidigen Sorten mit höherem Fettgehalt in Betracht - im Sommer auch die milderen, bei kühlem Wasser die eher kräftigen Sorten.

Um die richtige Geschmacksnote zu erforschen, legt man eine Futterstelle mit Grundfutter an, dem etwas Käseflavour beigemischt wurde und testet dann am Haken mehrere Sorten. Da wir mit sehr kleinen Stücken fischen, reicht es für diesen Test aus, sich je Sorte 30 g zu kaufen. Um die Verkäuferin nicht zum Wahnsinn zu treiben, bittet man sie, alle Stücke auf ein Papier zu legen, die Gesamtsumme auszuwiegen und einfach den Grundpreis der teuersten Sorte für alle anderen zu berechnen.

Ködercocktail:
Als Cocktail bezeichnet man eine Kombination von zwei Ködern wie Made plus Mais, Weizen plus Caster oder den "Geheimtip" Made oder Pinkie plus Zuckmückenlarve, aber auch jede andere Zusammenstellung. Hier ist der Experimentierfreude des Anglers keine Grenze gesetzt und häufig sind es ja die ungewöhnlichen Rezepturen, die den unerwarteten Erfolg bringen! Diese Kombinationen reizen sehr häufig Fische erneut, wenn sie auf einen einzeln angebotenen Köder nicht mehr reagieren - z.B. weil sie mißtrauisch werden, wenn viele ihrer Kameraden auf nimmer Wiedersehen in Richtung Himmel entschwinden!

Zur Köderauswahl:
Im Fachhandel sind viele der genannten Köder auch als fertig vorbereitetes Produkt und konserviert erhältlich. Es ist sinnvoll, bei jedem Angeln eine Auswahl verschiedener Köder dabei zu haben, denn der Geschmack der Fische ist nicht jeden Tag gleich! Die Vorliebe der Fische für bestimmte Köder kann von Tag zu Tag und von Gewässer zu Gewässer wechseln und wir müssen bei jedem Angeln versuchen, den "Köder des Tages" herauszufinden. Dies könnte ein Einzelköder sein oder ein Cocktail der ungewöhnlichsten Art, morgens nur ein kleiner Pinkie und abends eine fette Made.

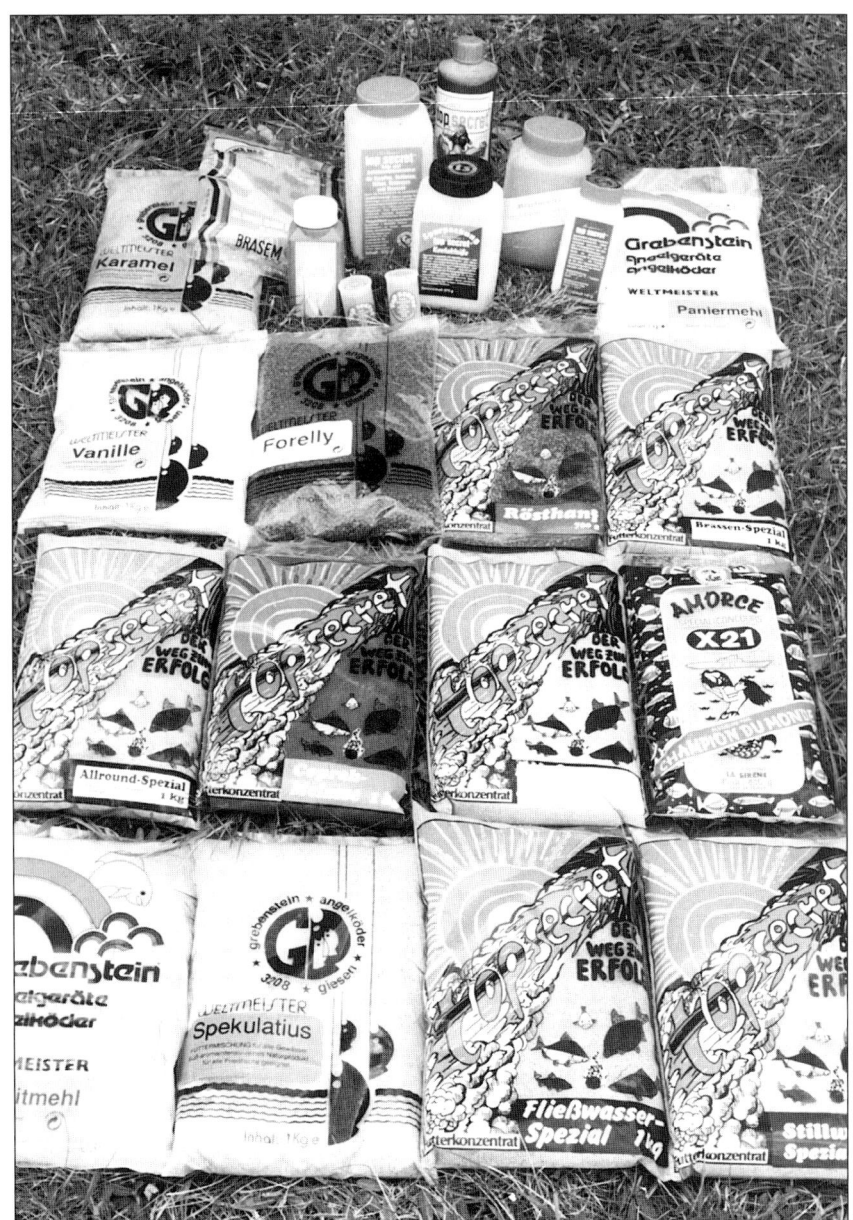

Futter

Futterstrategien:
Dem Posenangler stehen zwei verschiedene Arten Futter zur Verfügung. Als erste: der Köder, der als Hakenköder dient, wird in beliebiger Menge auch als Futter eingeworfen. Dem Spezialisten, der auf größere Beute ansitzt, dienen hier Köder wie Weizen, Mais oder Kichererbsen. Hanf ist ein Köder, der besonders im Sommer einige Weißfische wie Plötzen und Barben rasend machen kann. Er wird in größeren Mengen eingeworfen - z.B. 0.5 kg für den Start - darüber wird dann entweder mit Hanf oder einer Made als Hakenköder gefischt. Der große Vorteil von Hanf in der Strömung: er fällt in das Wasser wie Stein, sinkt nach unten und bleibt liegen ohne abzutreiben.
Aber auch Maden und Casters, die in kleineren Mengen und dafür häufiger eingestreut werden, sind geeignet, einen Schwarm Weißfische am Platz zu halten, wie es von den Engländern früher als Standardmethode praktiziert wurde, obwohl sich immer wieder gezeigt hat, daß unser kontinentales Grundfutter auf Paniermehlbasis mit Zusatzstoffen deutlich erfolgreicher ist! Der Nachteil von Maden und Casters: so leicht wie sie sind, werden sie von der Strömung abgetrieben und wir müssen versuchen, nur soviel zu füttern wie in ein oder zwei Posendurchläufen gefressen wird - schwirig zu beurteilen, ich gebe es zu!
Die Engländer füttern in einem Fließgewässer - z.B. einem mittelgroßen Kanal - gerne zwei verschiedene Futterspuren: eine in Nähe der Rutenspitze, die sie mit der Stickpose befischen und eine zweite in der Mitte oder am anderen Ufer, die sie mit dem Waggler befischen. Sie schießen mit dem Katapult eine Handvoll Maden ein und füttern dann bei jedem Durchgang nur einige Maden nach. Erst wenn sich anhand häufiger Bisse zeigt, daß ein interessierter Schwarm Fische in der Nähe ist, werden auch mehr Maden nachgefüttert, um ihn zu halten.
Bei dieser Methode sollten wir auf keinen Fall vergessen, beide Futterspuren regelmäßig nachzufüttern - und wenn es nur ab und an einige Maden sind! Auch wenn wir auf einer Spur erfolgreich fangen - Ruhe ist ein wesentlicher Faktor und während wir unseren Schwarm beangeln und damit rechnen müssen, daß hier der Erfolg irgendwann nachlassen wird, können sich auf der anderen Spur die Fische ungestört mit der Futtersuche beschäftigen, bis wir dort mit dem Fischen beginnen. Unser Futter hat die Fische am Platz gehalten und wir dürfen bereits bei dem ersten Einwurf über der zweiten Spur mit einem Biß rechnen.

Beim Füttern im Fließwasser muß stets das Strömungstempo beachtet werden - nichts wäre fataler als wenn unser Futter so schnell abtriebe, daß wir es mit unserem Hakenköder nicht mehr erreichen können! Also bei leichter Strömung geradeaus, bei starker entsprechend weit stromauf anfüttern!
Die zweite Art des Fütterns basiert, wie bereits angesprochen, auf einer Futtermischung auf Paniermehlbasis, dem je nach Wasserverhältnissen und Art der gewünschten Lockwirkung zusätzliche Mehle und Aromastoffe beigemischt werden, wobei die Mehle selbst bereits über sehr reizvolle Wohlgerüche verfügen. Tatsächlich ist das Grundfutter so wirkungsvoll, daß manche Topangler der Wettkampfszene ein bestgehütetes Geheimnis aus seiner Zusammensetzung machen!
Das Ziel des Fütterns besteht nicht darin, die Fische zu sättigen, sondern darin, ihnen Appetit zu machen. Satte Fische fressen nicht und der Sinn des Fütterns wäre somit verfehlt. Das Füttern soll sie nur anlocken und in Freßstimmung versetzen. Daraus ergibt sich, daß wir nur äußerst kontrolliert füttern: niemals mehr als nötig, um die Fische am Platz zu halten. Zu wenig Futter wird allerdings dazu führen, daß ein hungriger Schwarm unsere Futterstelle verläßt und zu unserem Nachbarn abwandert (falls es einen gibt).
Wir wissen, daß die Fische als wechselwarme Tiere bei kühlem Wasser ihre Nahrungsaufnahme deutlich verringern. Und wir wissen aus Erfahrung, daß es an besonders nahrungsreichen Gewässern - und ganz besonders im Höhepunkt der Vegetationsperiode, also bei drückender Sommerhitze, wo das Wasser vor natürlicher Nahrung überquillt - schwierig sein kann, einen Fisch an den Haken zu bringen. Dazu gibt es Zeiten, wo einfach nichts geht, weil die Fische keinen Appetit haben oder sich zumindest nicht für unsere Angebote interessieren.
Dort, wo wir diese Verhältnisse vorfinden, wird es angeraten sein, nur sparsam und gezielt zu füttern. Hier gilt es, die Fische vor dem Angeln zu finden, um ihnen das Futter präzise vorsetzen zu können. Geduld, gute Tarnung und äußerste Ruhe werden hier zu den wichtigsten Tugenden des Anglers!
Im Fließwasser dagegen wirken sich diese Einflüsse nie so einschneidend aus, da die Strömung auch im Hochsommer für kühlere Wassertemperatur, mehr Sauerstoff im Wasser und eine gleichmäßigere Verteilung der Nahrung sorgt. Wir alle wissen wohl, daß zu Zeiten, wo in unserem Lieblingssee wegen der Sommerlethargie die Fische nicht beißen, das Angeln im nächsten Kanal oder Fluß dagegen äußerst erfolgreich sein kann!
So darf im Fließwasser generell etwas reichlicher gefüttert werden, zumal die Strömung immer auch einige Köder abtreiben läßt und die Fischschwärme

zu Nomadentum neigen und sich nach einiger Zeit von der Futterstelle lösen, um weiterzuziehen, während sich - hoffentlich - bald ein anderer umherstreifender Schwarm bei uns einstellen wird!
Der Nahrungsbedarf der einzelnen Fischarten ist, auch in Abhängigkeit von ihrer Größe, sehr unterschiedlich - was uns zu sehr unterschiedlichen Strategien zwingt. Brassen z.B. brauchen viel Futter, lassen sich jedoch nicht gerne Futterbomben auf den Kopf werfen. Wir müssen also, wenn wir Brassenschwärme in der Nähe vermuten, stark füttern, *bevor* sie bei uns eintreffen und sie dann in Ruhe fressen lassen. Erst, wenn wir den Schwarm gefangen haben oder er weitergezogen ist, dürfen wir wieder gründlich nachfüttern. Zwischendurch, um den Schwarm zu halten, werfen wir bestenfalls vorsichtig nach und nach etliche Miniballen ein.
Plötzenschwärme verhalten sich entgegengesetzt: sie fordern nur wenig Futter auf der Futterstelle, lieben es aber, wenn ein ständig rieselnder Futterregen vor ihren Mäulchen niedergeht, sobald sie ernsthaft anfangen, zu fressen. Also keine massiven Futterballen, sondern einzelne Maden und Maiskörner oder Minifutterballen. Futterregel: mäßig, aber regelmäßig.
Casters sind ein idealer Futterköder, um Schwärme am Platz zu halten. Sie erzeugen beim Einwerfen keinen Lärm und dürfen folglich auch in Massen über einem Brassenschwarm niedergehen - besonders, da sie im Gegensatz zu den Maden in ihrer festen Larvenhülle ein „Flüssigköder" sind, der deutlich weniger sättigt und folglich in der Dosierung nicht so problematisch ist. Dazu kommt als weiterer Vorteil, daß sie nicht wie Maden von der Futterstelle krabbeln, sondern liegenbleiben, wo sie eingeworfen werden. Allerdings dürfen sie nicht so weit entwickelt sein, daß sie schwimmen - dann werden sie abgetrieben und locken die Fische von unserer Futterstelle!
Bei all den vorzüglichen Eigenschaften, die Casters besitzen, ist es geradezu absonderlich, daß ihre Verwendung in Deutschland praktisch ohne Bedeutung ist - der geringe Verkauf von Casters zeigt dies sehr deutlich! Erklären läßt sich das wohl nur dadurch, daß die anspruchsvolle Angelei bei uns insgesamt eine kaum bedeutende Rolle spielt und nur von relativ wenigen Anglern ernsthaft und kompetent betrieben wird.
Im Normalfall ist unsere Futterstelle eng begrenzt und wir fischen möglichst präzise am Futter. Die Strömung in einem Fließwasser sorgt dafür, daß sich durch abgetriebene Partikel eine längere Futterspur bildet. Wenn wir genau *wissen*, daß sich in einem Fließgewässer große Fischschwärme in der Nähe unserer Angelstelle herumtreiben, können wir eine größere rautenförmige Futterstelle anlegen wie im Kapitel "Stippen in der Strömung" beschrieben. Um

nicht jeden gehakten Fisch durch die Futterstelle drillen zu müssen und alle anderen damit zu beunruhigen, beginnen wir mit der uns nächstgelegenen Ecke und gehen erst zur nächsten über, wenn die Bisse nachlassen.
Gleich, welcher Strategie wir folgen - wir füttern während des Angelns nur nach, wenn die Fische in Freßlaune sind. Futterregel: keine Bisse - kein Futter! Also nicht gleich nachfüttern, wenn sich einige Zeit keine Bisse zeigen. Hier würde nur helfen, die Präsentation zu variieren: ein feineres Vorfach, ein kleinerer Haken, ein anderer Köder, Veränderung des Bebleiungsschemas und damit des Köderverhaltens, Wechsel der Tiefeneinstellung oder Verzögerung der Durchlaufgeschwindigkeit - z.B. die Pose zurückhalten oder nachschleifen lassen usw.

Futterbestandteile:
Hierzu gehören alle Grundsubstanzen wie die verschiedenen Mehle, die Mittel zur Verfeinerung wie Aromastoffe, Zucker, Salz usw. und die Anreicherung durch Lockmittel wie Maden, Caster, Mückenlarven oder Körner.
Die Grundsubstanzen werden in zwei Hauptgruppen unterschieden: 1. Mehle mit hohem Fettgehalt, die stark sättigen und dank hohem Kleberanteil stark binden und 2. wenig sättigende Mehle mit geringem Fettgehalt und entsprechend geringer Bindung.
Die hier aufgeführten Bestandteile sind die meistverwendeten Zutaten der bei Posenanglern üblichen Futtermischungen, wie sie auch im Fachhandel bezogen werden können. Darüberhinaus darf natürlich mit allen eßbaren Substanzen experimentiert werden, die z.B. als Futtermittel Verwendung finden wie das Zuchtfutter der Fischzüchter (gemahlene Forellenpellets), Hühnermastfutter (äußerst proteinhaltig mit Garnelen und geschrotetem Getreide) und vieles andere. Alle diese Substanzen locken auch Fische an - wichtig ist nur, daß sie in ihrer Konsistenz unseren Zwecken dienen.

Paniermehl:
Paniermehl ist der Hauptanteil aller Grundfuttermischungen.
Helles *Weißbrotmehl* besitzt durch seinen hohen Anteil an Gluten (Weizenkleber) starke Bindekraft und sättigt sehr.
Dunkle Mehle (*Zwieback, Knäckebrot,* englisches *Brown Crumb* etc.) kleben weniger und lösen sich daher schneller auf.
Mehle mit hohem Anteil an Hefe wie *Brötchenmehl* sind leicht und haben daher starken Auftrieb. Sie helfen bei der Bildung einer Futterwolke - dürfen folglich nur im Stillwasser ohne die geringste Drift eingesetzt werden,

da sie die Fische vom Grund hochziehen und bei Drift von der Futterstelle weglocken können!

Toastbrotmehl besitzt wenig Hefe und ist dadurch eigenschwer ohne Auftrieb. Es sinkt schneller als die sehr leichten Mehle.

Graubrotmehl ist sehr schwer und klebt massiv. Es eignet sich daher auch für starke Strömung. Seine hohe Klebekraft erlaubt, eine große Menge Kies als Beschwerung einzukneten, um die Ballen in der Strömung schnell nach unten zu bringen. Aber Vorsicht bei schlammigen Böden - durch ihr hohes Gewicht sinken sie ein und verschwinden völlig!

Weizenmehl:
Weizenpaniermehl hat neben seinem guten Geschmack einen hohen Kleberanteil und bindet dadurch stark. Es dauert lange, bis sich der Ballen im Wasser löst - Weizenpaniermehl darf daher nur vorsichtig eingesetzt werden.

Bisquitmehl:
Bisquit hat einen sehr reizvollen Eigengeschmack und dient zur Verfeinerung der Mischung oder als gelegentliche Abwechselung im Geschmack. Es darf bis zu 30 % der Futtermischung ausmachen. Zu beachten ist, daß es fettige, also stark bindende *(Waffelbisquit)* und trockene, also nichtbindende Sorten gibt, die wir je nach der gewünschten Konsistenz unseres Futters verwenden. Somit können die verschiedenen Sorten eingesetzt werden, um dem Futter die Bindung zu geben, die wir für unsere Angelstrecke brauchen.

Zwiebackmehl:
Zwiebackmehl bringt einen Wechsel in der Geschmacksnote und gibt der Mischung Volumen, ohne sie zu stark zu binden - die Ballen bleiben locker.

Erdnußmehl:
Erdnüsse besitzen mit ihrem kräftigen, nussigen Aroma eine extrem starke Anziehungskraft auf die Fische. Das Mehl darf als Würze in beliebiger Menge zugemischt werden und bindet nicht sehr stark.

Kokosmehl:
Kokosmehl besitzt wenig Fett und damit geringe Bindung. Es ist leicht und sättigt nicht sehr. Es wird von den Fischen schnell verdaut und sie bekommen bald wieder Appetit. Sehr empfehlenswert, wenn die Fische lustlos sind. Nicht mehr als 10 % Anteil wegen des äußerst intensiven Aromas!

Maismehl:
Maismehl ist sehr stark sättigend, darf also nur sparsam zugegeben werden! Der typische Geschmack hat allerdings so hohe Anziehungskraft, daß ein kleiner Anteil Maismehl eingesetzt werden sollte. Die Mehlkörner sind sehr hart und binden ungekocht kaum. Daher gute Eignung für Stillwasserfutter. Gekochtes Maismehl dagegen klebt stark und kann mit entsprechend vorsichtiger Dosierung für stark bindendes Strömungsfutter eingesetzt werden, muß aber extrem fein mit der Trockenmischung vermischt werden, damit sich keine Klumpen bilden!

Koprahmelasse:
Koprahmelasse besitzt ein sehr eigenwilliges Aroma und sorgt für süßen Geschmack, den z.B. Brassen sehr schätzen. Vorteil: mit Melasse wird das Futter schnell verdaut und die Fische fressen bald wieder.

Kartoffel:
Kartoffeln sind zwar als Köder ein bißchen out, sind jedoch als Futter immer noch sehr reizvoll. Gekocht und gequetscht und mit der Wurfkelle pur eingeworfen, verbreiten sie einen intensiven Geruch, der für größere Fische äußerst attraktiv ist. Im Futtermix eignen sie sich durch ihr hohes Gewicht und ihre große Bindekraft auch für stärkste Strömung, ohne das Futter zu stark zu verkleben - die Futterballen sinken geradlinig ab, ohne abzutreiben und bleiben liegen, ohne weggespült zu werden und lösen sich relativ rasch auf.

Haferflocken:
Haferflocken besitzen neben ihrem hervorragenden Geschmack als größere Futterpartikel auch eine optische Reizwirkung. Allerdings dürfen sie nur vorsichtig dosiert werden, da sie eine ungeheure Klebekraft besitzen! Der Futtermischung werden sie erst nach der Wasserzugabe ganz zuletzt beigegeben, nachdem das Futter gut durchgezogen ist, da sich die Futterballen sonst je nach Anteil in "Zementblöcke" verwandeln können!

Milchpulver:
Milchpulver erzeugt eine deutlich sichtbare Wolke. Es besitzt eine starke Lockwirkung, da Fische den Geschmack sehr lieben (der riesige Erfolg der Boilies als Karpfenköder basiert darauf). Nur im Stillwasser zu verwenden, da die bei Strömung abtreibende Wolke die Fische weglocken würde. Milchpulver bindet stark, daher nur vorsichtig in kleinen Mengen einsetzen!

Volumix:
Volumix ist eine französische Grasmischung, die dem Futter ein weithin sichtbares Volumen gibt, da die Ballen beim Aufschlag förmlich explodieren und eine riesige Wolke bilden, die eine starke Lockwirkung auf Fischschwärme ausüben, die in den oberen Schichten nach Nahrung suchen. Also besonders als Sommerlockmittel geeignet.

Hanf:
Fische lieben Hanf! *Gemahlener Hanf* ist daher eines der wichtigsten Lockmittel in der feinen Angelei. Er wirkt als Appetitanreger und veranlaßt die Fische, zu fressen. Ungeröstet besitzt er viel Fett und bindet daher stark. *Gerösteter Hanf* bindet kaum, da das Fett beim Rösten verbrennt und sättigt daher noch weniger als der ungeröstete Hanf. Als Winterfutter ideal, da die Fische bei Kälte lustlos sind und ihnen der Hanf Appetit macht. Ein Anteil von 10 % ist eigentlich in jeder Situation richtig!

Zucker:
Viele Friedfischarten bevorzugen süße Köder und es kann nicht schaden, der Futtermischung auch ein wenig Zucker zuzugeben.

Salz:
Eine Prise Salz gehört in jede Futtermischung - auch, wenn sie süß ist! Verstärkt das Aroma und gibt ein Spürchen Würze. Löst sich bekannterweise schnell!

Lehm:
Lehm gibt dem Futter mehr Gewicht und Bindung, löst sich jedoch im Wasser rasch auf, ist also ideal für Strömungsfutter. Feiner Lehm bindet stärker und löst sich schwerer - grober Lehm bindet weniger und löst sich leichter auf, ist also ideal, um Ballen schnell zum Grund zu bringen.

Kies:
Kies beschwert das Futter erheblich, besitzt jedoch nicht die geringste Bindung. Günstig für locker bindende Ballen, die weit geworfen werden und schnell sinken sollen. Aber *Achtung:* sehr feiner Kies bleibt in den Kiemenbögen der Fische hängen, wenn sie unerwünschte Substanzen zusammen mit dem Wasser herausdrücken, und reibt dort wie Schmirgelpapier! Abgesehen davon, daß es sie verletzt, vertreibt sie die Mischung mit feinem Kies eher, da sie ihnen unangenehm ist. Ideal: eine Körnung von *2 bis 3 mm!*

Farbe:
Die Farbe des Futters ist von *entscheidender* Bedeutung - zumindest in Gewässern, die am Grund nicht völlig dunkel sind! Warum? Friedfische sind ständig der Gefahr des Gefressenwerdens ausgesetzt - um sich zu tarnen, sind sie über dunklen Böden auf der Oberseite dunkel und unten silbern gefärbt. Um sich zu schützen, schwimmen sie niemals über helle Bodenflächen, wenn es sich vermeiden läßt. An Gewässerstrecken, die nur aus hellem Kies bestehen, sind die Fische - wie z.B. Barben - generell oben heller gefärbt, um über dem Boden getarnt zu sein und sich so vor Raubfischen zu schützen. Das bedeutet, daß wir über hellen Böden helles Futter und auf dunklen Böden dunkles Futter einsetzen. Es ist sehr einfach, helles Futter dunkel zu färben: der Trockenmischung die nötige Menge schwarzer Walderde beimischen und dann das Wasser zugeben. Früher nahmen die Wettangler das billige Oxidschwarz-Pulver aus dem Malerladen, dessen Verwendung als Futterfarbe allerdings wohl mittlerweile verboten ist.

Aromazusätze:
Lockmittelzusätze gibt es in allen Geschmacksrichtungen und ihr Wert kann nur an jedem Gewässer aufs neue ermittelt werden. Sie werden entweder als Pulver angeboten und dann der Trockenmischung beigemischt oder als Flüssigaroma und werden dem Wasser zugegeben. Die Klassiker wie Honig, Karamel, Koreander, Vanille, Hering, Muschel usw. sind wohl international erfolgreich und entsprechend häufig werden sie eingesetzt. Es ist aber auch reizvoll, einen neuen Duft zu entdecken, der an unserem Angelwasser noch jungfräuliche Reize besitzt! Allerdings Vorsicht bei der Dosierung - der Spruch „Viel hilft viel" stimmt hier nicht! Die Mittel sind so stark konzentriert, daß tatsächlich kleinste Mengen ausreichen.
Ein Vorteil der Lockstoffe ist, daß sie auf dem Gewässergrund eine haftende Duftwolke erzeugen. Wenn ein Schlepper durchfährt, treibt das Futter ab - der Duft bleibt. Neues Futter und die Fische kehren bald wieder zurück!
Eine Beobachtung: die Lockmittel scheinen dort am besten zu wirken, wo die Fische sie kennen, wo also häufig mit Aroma gefischt wird. An Gewässern, die kaum beangelt werden, scheint es besser zu sein, auf Aromazusätze zu verzichten und nur auf den natürlichen Geschmack des Futters zu bauen!

Fertigmischungen:
Um dem Angler das Lagern von diversen Zutaten in entsprechend großen Gebinden zu ersparen, werden Fertigmischungen sowohl als Konzentrat,

das meist im Verhältnis 1 zu 4 mit Paniermehl gestreckt wird, als auch als echtes Fertigfutter angeboten. Bewährte Produkte der bekannten Marken sind in der Regel sehr zuverlässig und wirken ebensogut wie selbstgemischte Präparate. Für welche Gewässerart sie gedacht sind, bzw. wie sie sich im Wasser verhalten, ist meist angegeben. In der Regel enthalten sie bereits eine Aromamischung, auf deren Wirkung man sich verlassen darf!

Ansetzen der Futtermischung:
Wie bereits gesagt wurde, bildet Paniermehl die Basis aller Mischungen. Welche weiteren Zutaten zugegeben werden, hängt von dem Gewässer ab, wo das Futter eingesetzt werden soll. Generell: fein gemahlene Substanzen binden stärker als grobgemahlene Stoffe. Dies berücksichtigen wir von vornherein bei unserer Mischung!

Zu beachten sind bei der Wahl der Zutaten: die Farbe, Neigung und Festigkeit des Grundes, die Wassertiefe, die Strömungsstärke, die Wasserhelligkeit, in welcher Tiefe sich die Fische aufhalten und auf welche Fischarten wir es abgesehen haben.

Zu den Eigenschaften des Futters: unterschieden werden leichte Mischungen, die beim Aufschlag platzen und im Mittelwasser eine Wolke erzeugen, von denen, die ihre Wirkung am Grund entfalten. Schwärme, die im Sommer im Mittelwasser schwimmen, müssen mit einem Futter gelockt werden, das beim Aufschlag auf dem Wasser platzt und eine Wolke erzeugt, also nur geringe Bindung hat. Die Mischung darf nicht zu feucht sein und auf keinen Fall klumpen. Damit die Ballen nicht bereits beim Wurf auseinanderfallen, werden sie kurz ins Wasser getaucht, um sie mit einer feuchten Außenhaut zu umschließen. Einsetzen läßt sich dieses Futter mit vielen schwebenden Partikeln jedoch nur im Stillwasser, da es in der Strömung abgetrieben würde. Auch eine Unterströmung im See führt zu dem gleichen Ergebnis.

Wollen wir Grundfische im Fließwasser beangeln, müssen die Bälle zügig, ohne abzutreiben und ohne zu platzen zum Grund sinken. Damit sie im Stillwasser bei weichem Boden nicht einsinken, dürfen sie nicht zu schwer sein und sollten sich schnell in einen breiten Haufen auflösen, also leichtes Futter mit gerade ausreichender Bindung.

Es ist immer verführerisch, sogenannte "Zementbälle" anzurühren, die in der Strömung wirklich sicher zum Grund sinken sollen. Das Problem: sie platzen nicht am Grund, sondern werden von der Strömung weggerollt, kollern in irgendeine Spalte oder sacken bei weichem Boden ein und verlieren so jede Reizwirkung. Kies bringt genug Gewicht, um die Ballen auch in der

Strömung nach unten zu bringen. Lehm bringt die nötige Bindung, löst sich aber im Wasser so schnell auf, daß die Ballen schnell genug platzen!

Wir setzen aus den geeigneten Zutaten die gewünschte Menge Mehlpulver an und mischen in einem breiten, flachen Mischeimer alle trockenen Zutaten dazu. Wenn wir idealerweise unser Futter bereits zu Hause fertigstellen, besprenkeln wir die Mischung mit einem Blumenzerstäuber unter ständigem Umrühren mit Wasser, bis sie die richtige Feuchtigkeit besitzt. Es dürfen sich keine klebrigen Klumpen bilden!

30 Minuten stehen lassen, bis das Mehl alles Wasser aufgesogen hat und eventuell noch einmal nachsprühen. Die fertige Mischung durch ein Futtersieb reiben (Siebe und passende Eimer gibt es mittlerweile in vielen Fachgeschäften), um alle Klümpchen aufzulösen. Gut verpackt, damit das Futter nicht austrocknet, im Kühlschrank aufbewahren. Viele Angler nehmen allerdings die Trockenmischung mit, geben das Wasser erst an ihrem Angelplatz zu und sieben das Futter dort.

Grundfutter ist nicht nur ein Lockmittel, sondern auch ein Träger für Lebendköder. Maden, Caster und Zuckmückenlarven können im Futter in nahezu unbeschränkter Menge eingeknetet und ohne zu streuen auf eine eng begrenzte Futterstelle geworfen werden. Maden pur lassen sich mit der Hand kaum werfen und auch mit dem Katapult eingeschossen, streuen sie weiter als sie fliegen. In Futterballen eingeschlossen, können sie über den Horizont geworfen werden und landen dennoch auf engstem Raum.

Fütterhilfen: Katapulte, Bait Dropper und Wurfkelle

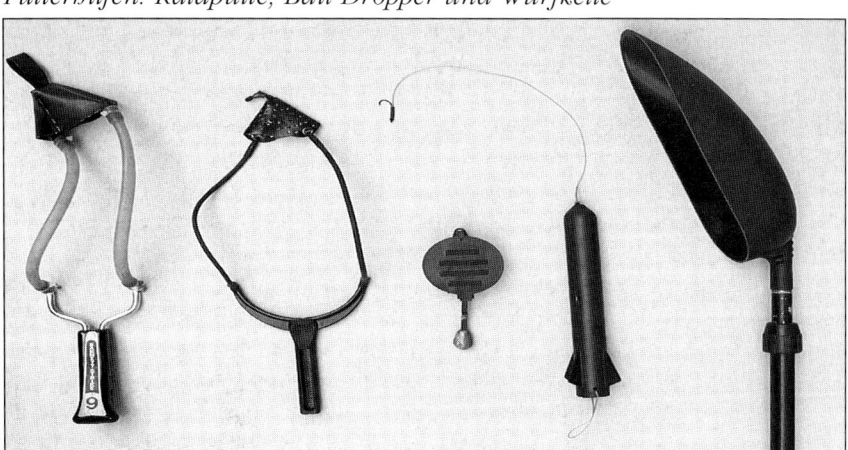

Fütterhilfen

Die praktischste Art des Anfütterns ist für den Posenangler das Einwerfen des Futters mit Hand. Futterballen lassen sich sehr weit werfen - besonders, wenn wir sie durch kurzes Eintauchen in das Wasser mit einer festen Außenhaut versehen haben, die sie vor frühzeitigem Platzen bewahrt.

In den meisten Fällen ist der Handeinwurf ausreichend weit und genau, um die Ballen einigermaßen präzise an unsere Futterstelle zu befördern, auch wenn sie einige Rutenlängen entfernt ist. Um Partikelköder zu füttern, bzw. in der Strömung geschlossen zum Grund zu bringen, die Lockmittel sicher durch einen Schwarm hungriger Kleinfische zu den größeren Fischen durchzubringen oder unseren Weitschußwaggler in 50 m Entfernung mit Futter zu versorgen, stehen uns nützliche Hilfsmittel zur Verfügung:

Die *Wurfkelle* bildet eine Verlängerung (und Vergrößerung) der Hand. Sie wird mit einer größeren Menge aller beliebigen Futterköder oder mit Futterballen gefüllt und mit Hilfe ihres Standardgewindes auf einen Kescherstock geschraubt. Mit dieser Verlängerung wirft sie ihre Ladung mit hinlänglicher Päzision erheblich weiter als die Hand. Da häufig kaum außerhalb ihrer Reichweite geangelt wird, sollte die Wurfkelle zur Standardausrüstung jedes Anglers gehören! Wie bei allen Füttertechniken, die den Köder im Wasser frei absinken lassen, muß natürlich beachtet werden, daß das Futter bei Strömung abgetrieben und auseindergezogen wird!

Das bekannteste Hilfsmittel zum Anfüttern ist das *Katapult*. Es gibt leichtere Katapulte mit weichem Gummi für Maden und stärkere Versionen, die Partikelköder wie Mais bis zu 30 oder 40 m weit schießen. Spezielle Körbchen erlauben das Einschießen von Futterballen. Der Vorteil aller Katapulte liegt in ihrer leichten Handhabung. Beim Fischen in der Nähe der Rutenspitze ist ein Katapult zum Einschießen von Maden ideal!

Um in der Strömung zu verhindern, daß die Futterladung zu weit auseinandergezogen wird oder um das Futter durch einen Schwarm kleiner Fische durchzubekommen, leistet der *Bait Dropper* nützliche Dienste. Er besteht aus einer Kammer mit Deckel, der sich bei Grundberührung selbsttätig öffnet, um seine Ladung freizugeben. Er wurde zwar für Maden und kleinere Partikel entwickelt, nimmt aber ohne weiteres auch Grundfutter oder Würmer auf. Zum Einwurf an eine kräftigere Rute mit 0.25er Schnur anbinden. Bei Fehlwürfen geschlossen wieder einholen und mit einem geschickteren Wurf besser plazieren. Er bringt seine Ladung verschlossen zum Grund und ermöglicht so, eine sehr präzise und eng begrenzte Futterstelle anzulegen!

Anhang: Geräte

Ruten

Welche Anforderungen hat eine Rute zum Posenfischen zu erfüllen? Sie sollte möglichst leicht sein, da wir sie möglicherweise stundenlang halten und bewegen wollen. Sie muß gleichzeitig stabil genug sein, um auch größere Fische bezwingen zu können. Beim Einsatz mit Rolle muß ihre Aktion fest genug sein, die leichte Posenmontage zielgenau auf die Futterstelle zu werfen. Und steif genug, um die Pose kontrolliert führen zu können, bzw. den Anhieb schnell zum Haken durchzubringen.

Dabei hilft ein steifes, also möglichst schwingungsfreies Rückgrat. Sie sollte dennoch im Spitzenbereich weich genug sein, um im Drill die Fischfluchten abzufedern und den kleinen, feindrähtigen Haken nicht ausschlitzen zu lassen. Und nachgiebig genug, daß auch feinste Schnüre beim Anhieb nicht durchschlagen werden.

Ihre Länge muß der jeweiligen Angelentfernung angemessen sein. Auch bei längeren Ruten müssen Gewicht und Aktion noch den genannten Anforderungen der Angelpraxis genügen. Was wir von unseren Ruten erwarten, ist also *Leichtigkeit*, *Stabilität* und eine ausgewogene, *straffe Aktion* mit *sensibler Spitze*. *Geringer Durchmesser* macht die Rute handlich und hilft mit ihrem geringen Luftwiderstand, die Montage mit einem Minimum an Kraftaufwand auszuschwingen.

Kopfruten (Stippen):
Die Stippe als wohl bekanntestes Angelgerät ist daran zu erkennen, daß sie nicht mit Rolle und Schnurführungsringen ausgestattet ist - die Schnur wird fest an ihrer Spitze montiert. Um die Beute landen zu können, ist die Schnur höchstens so lang wie die Rute. Oft genug wird sie sogar erheblich gekürzt. Man spricht dann vom Fischen „mit verkürzter Schnur".

Die erste Hürde bei der Auswahl einer Stippe ist ihr Preis, der zwischen 20,- DM und 7.000,- DM liegen kann - je nach Länge und Qualität. Meist spiegelt der Preis die Qualität der Rute wider - je teurer, desto bessere Qualität des Materials und folglich desto bessere Eigenschaften beim Fischen. Dabei sollten wir aber bedenken, daß die Spitzenqualitäten für den Hochleistungsbereich des internationalen Wettangelns geschaffen wurden, wo die Angler jede Woche drei bis vier Tage trainieren müssen und folglich auf jede Verbesserung des Geräts angewiesen sind. Dazu kommt, daß die Qualitätsunterschiede bei den besten Modellen immer geringer werden, je teurer die Ruten und daß eine geringe Gewichtseinsparung von vielleicht

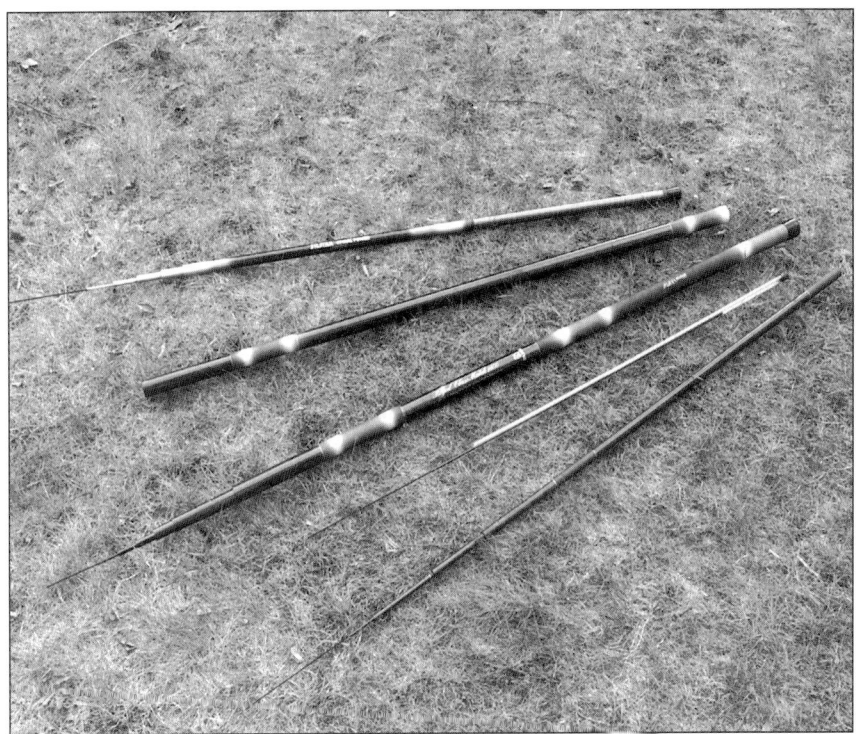

Kopfruten und Zubehör: Steckrute, Teleskoprute, Ersatz-Spitzenteil und Verlängerungsteil

nur 50 oder 100 g schon 1.000,- DM mehr kosten kann! Damit soll nur gesagt sein, daß es nicht unbedingt eine Rute von mehreren tausend Mark sein muß - auch preiswertere Modelle erfüllen ihren Zweck!

Für einen Preis um 100,- DM bekommt man eine Rute mit einer Länge von 7 oder 8 m, mit der man in den meisten Kanälen bereits hinter der ersten Scharkante fischen kann und deren Gewicht durchaus über längere Zeit zu bewältigen ist. Das Material, meist Glasfiber oder ein „Carbon Composite", also eine Glas-Kohle-Mischung, läßt den Rutenblank zwar schwerer und die Aktion langsamer werden. Aber bei der geringen Länge von z.B. 8 m wirken sich diese Mängel noch nicht übermäßig aus. Natürlich wird man in Kauf nehmen müssen, daß sie schwabbeliger ist als ein Modell für 500,- DM. Bei Wind und kräftiger Strömung fischt sie sich nicht optimal.

In der Preislage bis 500,- DM werden Ruten bis 10 m angeboten, deren Gewicht weit unter dem der billigeren 7 m Ruten liegt. Über 1.000,- beginnt der Bereich der echten Qualitätsruten, bei denen Länge, Gewicht und Materialeigenschaften in einem sehr günstigen Verhältnis stehen.

Man sollte bei der Rutenwahl auch bedenken, daß wir Freizeitangler uns die besten Umstände zum Fischen aussuchen dürfen - wir wählen Tag und Uhrzeit, Angelstelle und Methode so, wie es unserer Erfahrung nach am günstigsten ist. Und im Idealfall haben wir eine längere Uferstrecke für uns allein. Beißen die Fische nach einem Kälteeinbruch schlecht, warten wir, bis es sich wieder leicht erwärmt. Ziehen die Fische im Herbst näher an einen Warmwassereinlauf, folgen wir ihnen. Halten die Fische Abstand vom Ufer, setzen wir statt Pose eine Winklepickerrute ein.

Der Wettangler, dem wir in Deutschland kaum noch begegnen, ist in einer völlig anderen Situation. Er darf weder die günstigste Zeit, noch den besten Angelplatz und auch nicht die vorteilhafteste Methode wählen. Wettkämpfe finden immer zu ungünstigen Beißzeiten statt - vormittags bis mittags - und können auf Wetterverhältnisse keine Rücksicht nehmen. Die Angelstelle wird dem Teilnehmer vorgeschrieben - meist ein Platz an einem gleichförmigen Kanal, um möglichst vielen Anglern Chancengleichheit zu bieten.

Vorgeschrieben ist das Fischen mit treibender Pose - auch wenn vielleicht eine Futterkörbchenrute sehr viel effektiver wäre. Aus all dem wird deutlich, daß es im Wettkampfbereich, wo die Angler auch unter ungünstigsten Umständen und umgeben von vielen anderen Erfolg haben wollen, auf das beste Material ankommt, das der Markt liefert.

Da das beste Material auch sehr teuer ist, überlegen wir natürlich, ob wir es wirklich brauchen. Aber wer auch als Freizeitangler Freude an der Schönheit und der Qualität teurer Ruten hat, wird sich vielleicht dennoch für eines der Spitzenmodelle zwischen 11 und 14 m entscheiden. Diese Länge läßt sich bei den modernsten Rutenentwicklungen durchaus noch handlich und bequem bedienen.

Die extremen Längen ab 15.50 m bis zu der unglaublichen Länge von 20 m für den reinen Wettkampfeinsatz dürften mit ihren im Schnitt über 1.500 g für den Freizeitbereich kaum noch sinnvoll sein. Hier ist zu überlegen, ob nicht eine vielseitigere Bolognarute zwischen 5 und 7 m Länge vorzuziehen wäre, deren Rolle auch größere Distanzen überbrücken hilft.

Für alle Modelle der gehobenen Preisklassen stehen Zusatzteile zur Verfügung, die je nach Bedarf eingesetzt werden: Verlängerungsteile, die sich am Handteil aufstecken lassen, verlängern die Rute um meist 1.50 m. So kann durch Aufstecken der Verlängerung, bzw. durch Abstecken beliebiger Teilstücke die Gesamtlänge der Rute den Gewässerverhältnissen angepasst werden. So wird man z.B. bei starkem Wind, der sehr spürbar auf der Rute lastet und die Spitze schlagen läßt, so weit wie möglich verkürzen wollen, um die Pose ruhig zu halten und das Material zu entlasten. Oder es zeigt sich, daß die Fische in weitem Abstand zum Ufer stehen und kommt ihnen dank der Verlängerung entscheidend näher.

Beim Kauf sollte aber bedacht werden, daß z.B. eine auf 14 m abgesteckte 15.50 m Rute oft schwerer ist als eine original 14 m Rute, da die längere Rute in Materialstärke und Durchmesser für die größere Länge berechnet ist!

Wechselspitzen, meist bestehend aus 3 bis 5 teleskopierbaren Teilstücken, ermöglichen den Einsatz von Gummizügen verschiedener Stärke und entsprechend unterschiedlicher Montagen und Schnurstärken, um Fische unterschiedlicher Größe beangelnn zu können.

Haben wir uns eine Wechselspitze bereitgelegt, ersparen wir uns am Angelplatz lange Umbauten und können schnell reagieren, wenn sich z.B. ein Brassenschwarm auf der Futterstelle einfindet, nachdem wir vorher etliche Rotaugen gefangen haben.

Ein wichtiger Gesichtspunkt bei der Entscheidung für eine bestimmte Rute ist auch, ob Ersatzteile schnell geliefert werden können! Wie leicht kann es passieren, daß ein Teilstück bricht, weil die Rute z.B. beim Ablegen unsanft mit einem Stein in Berührung kam. Passiert dies im Frühjahr bei einem Modell, bei dem man 6 Monate auf Ersatz warten muß, darf man sich eine neue Zweitrute kaufen, damit die Saison nicht ausfällt. Also unbedingt vor dem Kauf klären, ob Ersatz schnellstens lieferbar ist!

Kürzere Ruten bis 8 oder 9 m Länge werden meist mit langer Schnur gefischt und deshalb oft in Teleskopbauweise angeboten - die lange Schnur macht ein Abstecken der Rute zum Keschern der Beute unnötig. Diese Ruten sollten elastischer sein, wobei eine Spitze aus Vollmaterial zusammen mit dem biegsamen Blank als Stoßdämpfer im Drill stärkerer Fische dient. Gummizüge kommen bei den kurzen Ruten daher selten zum Einsatz.

Sehr kurze Ruten zwischen 3 und 6 m werden für leichtes Fischen in Ufernähe auf Ukelei und Rotauge eingesetzt - ihre schnelle Aktion ermöglicht blitzartiges Reagieren auf die zackigen Bisse dieser kleinen Beute.

Es gibt zwei grundsätzliche Bauweisen für Steckruten: Aufstecker (Put-Over) und Einstecker (Put-In). Bei den Aufsteckern wird das obere Teilstück auf das untere aufgesteckt - bei den Einsteckern wird das obere Teil in das dickere untere Teil eingesteckt. Beide Verfahren haben ihre Vorteile.

Aufstecker-Ruten fallen insgesamt leichter und feiner aus und dürfen als Allroundstippen für alle Fälle gelten. Die Steckverbindungen sind vom Handteil aus besser zu sehen und während des Absteckens sind die Übergänge beim Durchziehen durch die Hand deutlich zu spüren. So läßt sich die Rute auch „blind" abstecken und man kann Rutenspitze, Schnurspannung und den Fisch während des Drills im Auge behalten. Besonders bei weicheren Spitzen wirkt sich dies äußerst positiv aus, da eine unvorsichtige Bewegung, bei der die Spitze in Schwingung gerät, leicht den Fisch am anderen Ende der Leine vom Haken schlagen könnte!

Bei Abrieb der Steckverbindungen durch Abnutzung, die sich im ständigen Gebrauch nicht vermeiden läßt, werden die Teile der Aufstecker-Rute entsprechend tiefer ineinandergeschoben, während sie bei den Einsteckern irgendwann durchrutschen und eine kostspielige Überarbeitung nötig machen. Beim Fischen in extremen Verhältnissen - große Gewässer, starke Strömung, große Fische - bieten die Einstecker-Ruten dank ihrer ausgeprägten Robustheit gewisse Vorteile. Hier ist der Einsatz dieser kräftigen Modelle sinnvoll. Bei normalen Bedingungen sind die Aufstecker jedoch vorzuziehen.

Bei allen Ruten über 9 m sollte die Spitze hohl sein, um die dämpfenden Gummizüge verwenden zu können. Für das Angeln auf kleine Fische oder in hängerreichen Gewässern ist eine Spitze aus Vollcarbon angeraten. Anhieb und Drill werden äußerst schnell, da die zeitraubende Arbeit des Gummizuges entfällt. Das Risiko liegt allerdings darin, daß sich jederzeit auch ein starker Fisch an den Haken verirren kann, der sich dann nicht mehr meistern läßt!

Die größten Vorteile der Stippe liegen in ihrer Schnelligkeit und Präzision, mit der sie erlaubt, auch die leichtesten Montagen mit 0.2 g Posen über der Futterstelle zu fischen. Die Montagen werden geräuschlos eingesetzt, bzw. beim Aufstecken zur Futterstelle gezogen. Die Posenkontrolle ist kaum zu überbieten, wenn mit verkürzter Schnur gefischt wird, da die Pose in unmittelbarer Nähe der Rutenspitze steht.

Durch den Einsatz entsprechend feiner Gummizüge lassen sich feinste Montagen mit 0.08er Hauptschnur und 0.06er Vorfach verwenden. Im Stillwasser, wo die Fische besonders heikel auf Fehler in der Präsentation reagieren, ist die Stippe dank ihrer feinen Montage besonders vorteilhaft und bietet den Köder auch bei Wind und Unterströmung punktgenau am Futter an.

Die größten Nachteile liegen in ihrer beschränkten Reichweite - ohne Rolle läßt sie sich nicht auf größere Distanz fischen als die Rutenlänge erlaubt. Auch längere Driften sind nicht möglich - wenn der Angler die Strömung falsch eingeschätzt hat und sein Futter weiter als beabsichtigt abgetrieben wurde, sind die Fische seiner Reichweite entzogen. Es ist also beim Stippen besonders präzises Füttern nötig. Und in der Strömung muß der Angler wissen, wo sein Futter nach dem Einwurf liegenbleibt. Er sollte also die Bestandteile und ihre Wirkung sehr genau kennen, um die Lockwirkung entsprechend zu regulieren.

Bei sehr klarem Wasser kann die lange, dicke Rute einen so deutlichen Schatten auf das Wasser werfen, daß die Fische dadurch verscheucht werden und es nicht wagen, zur Futterstelle zu kommen. Besonders wirksam ist dieser Nachteil bei flachem Wasser - verstärkt natürlich dadurch, daß die Rute häufig im Sichtbereich der Fische bewegt wird.

Gummizüge und ihre Montage:
Der größte Nachteil der Kopfrute liegt in ihrer Beschränkung auf eine festgelegte Länge, die es nicht erlaubt, einem kampfstarken Fisch im Drill genügend Schnur zu geben. Dies führt unweigerlich zum Verlust des Fisches, sobald er auf seiner Flucht die Reichweite der Rute überschreitet.

Um diesen spürbarsten aller Nachteile zu mildern, erfanden die Wettangler ein geniales System, mit dem die Fluchten des Fisches gedämpft und aufgefangen werden: das Gummizugsystem, das sich in unbenutztem Zustand unsichtbar im Innern der Rutenspitze verbirgt und erst bei Belastung durch den flüchtenden Fisch gedehnt und dadurch sichtbar wird.

Dieses System besteht aus einem feinen Gummiband, das an einer Endhalterung befestigt wird, die sich von unten in die hohle Rutenspitze oder eins der nachfolgenden Rutenteile einschieben läßt, wenn wegen größerer Beute ein stärkerer und längerer Gummizug angeraten ist. Am sinnvollsten sind die spitz zulaufenden „Treppchen", die es erlauben, das Gummiband beliebig aufzuwickeln und damit neu zu spannen, wenn die Spannung nach einiger Zeit nachlassen sollte.

Die Halterung wird so gekürzt, daß sie bis zur gewünschten Höhe in die Rutenspitze rutscht. An ihrem unteren Ende wird eine Schnur angebunden, mit deren Hilfe sie für einen Wechsel des Gummibandes oder die Veränderung der Spannung herausgezogen werden kann.

Alternativ zu den „Treppchen" gibt es konisch geformte Halterungen, die sich über ein Schraubgewinde in ihrem Durchmesser verstellen und damit dem Durchmesser der Rute angleichen lassen. Durch entsprechende Einstellung rutscht die Halterung in der gewünschten Tiefe in die Rutenspitze, wodurch sich der Zug spannen läßt.

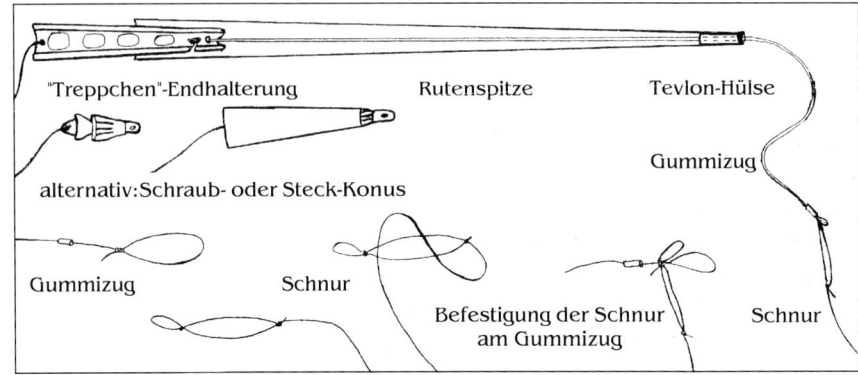

An der Rutenspitze wird das Band durch eine Hülse aus Plastik oder besser noch Tevlon geführt, die in die Spitze eingeklebt ist und die Aufgabe hat, die Reibung des Gummibandes an der rauhen inwendigen Oberfläche der Rute zu mildern und sie damit vor Beschädigung zu schützen. An der Spitze des Zuges sitzt ein kleiner Plastikverbinder oder alternativ ein dicker Posengummi, der mit einem starken Knoten gesichert ist. Beide Versionen werden benutzt, um die Schnurschlaufe am oberen Ende der Montage einzuhängen. Die Spannung des Zuges sollte mit Hilfe der Endhalterung so eingestellt werden, daß er bei Entlastung gerade noch zügig in die Rutenspitze gleitet und der Plastikverbinder fest an der Hülse auf der Rutenspitze sitzt. Von dem Zug ist nun nichts mehr sichtbar. Das Gleitmittel "Slip", mit dem wir den Zug vor jedem Einsatz in voller Länge einstreichen, erleichtert ein sanftes, gleichmäßiges Gleiten. Es verhindert die ruckhafte Entspannung, bei der ein Fisch leicht vom Haken geschlagen werden könnte.

Die Länge des Zuges richtet sich nach den Anforderungen: Beim Fischen mit leichtem Geschirr auf kleinere Fische reicht eine Länge von rund 45 cm, also etwas kürzer als das Spitzenteil. Wenn wir mit großen Fischen rechnen, sollte der Zug durch die zwei oder drei obersten Rutenteile geführt werden, um ihn damit entsprechend zu verlängern. Die Endhalterung sitzt dann im unteren Bereich des betreffenden Rutensegments.

Die wichtigste Entscheidung betrifft die Zugstärke des Gummibandes, die sich nur mit einiger Erfahrung richtig treffen läßt, da die Verhältnisse am Wasser zu beachten sind. Gummizüge werden in verschiedenen Stärken angeboten, die zur leichten Unterscheidung jeweils unterschiedlich farbig codiert sind. Die feinste Stärke gilt natürlich dem Einsatz mit den leichtesten Montagen und reagiert auf kleine Beute wie leichte Rotaugen oder Hasel.

Von Sorte zu Sorte nimmt die Zugstärke zu und der stärkste Zug ist in der Lage, auch die kampfstärksten Fische wie Barben, Grasfische oder Karpfen zu bezwingen.
Es ist sicher sinnvoll, sich wenigstens drei bis vier verschiedene Zugstärken zuzulegen, um auf die unterschiedlichen Anforderungen reagieren zu können. Bei der Wahl des Gummis sollte beachtet werden, daß Zugstärke und Stärke des Vorfachs in einem ausgewogenen Verhältnis stehen.
Es dürfte kaum sinnvoll sein, mit einem 0.06er Vorfach den stärksten Gummi einzusetzen nach dem Motto „jetzt kann nichts mehr passieren - der Gummi hält auch den stärksten Fisch!". Das Ergebnis wäre, daß dem Angler bei dem nächsten etwas kräftigeren Anhieb die Montage mit abgerissenem Vorfach um die Ohren flöge! Deshalb folgt der Angler der Regel: je stärker die Montage, desto stärker der Gummi.

Matchruten:
Englische Posenruten, die bei uns nicht ganz korrekt als Matchruten bekannt sind (sie heißen "Float Rods" im englischen Original), werden in den klassischen Längen 12 Fuß für kleine Gewässer, 13 Fuß als übliche Standardlänge und 14 Fuß als Länge für das Fischen mit Stickposen in mittleren bis größeren Gewässern angeboten.
1 Fuß = ca. 30 cm. 12 Fuß also ca. 3,60 m, 13 Fuß ca. 3.90 m, 14 Fuß ca. 4.20 m. Als Spezialität bietet Balzer Matchruten in Überlänge mit 15 und 17 Fuß (4.50 m und 5.10 m) an. Diese qualitätvollen Ruten mit eher kraftvollem, spitzenbetontem Blank wurden im Hause Balzer für extreme Verhältnisse entwickelt: größere Gewässer, wo mehr Distanz gefordert ist, tieferes Wasser, das wir mit Festpose befischen wollen (die 15 Fuß Rute erlaubt bei ruhigem Seitwärtswurf eine Tiefeneinstellung von über 4 m) und kräftige Strömungsfische wie Brassen oder Aland. Auch kleinere Posen können mit den langen Ruten in ausreichendem Abstand vom Ufer unter der Rutenspitze in der Strömung geführt werden.
Die wichtigste Unterscheidung betrifft die Aktion der Ruten: die weichere Aktion mit eingespleißter Vollcarbon- oder Vollglasspitze wird für das Fischen mit Wagglern auf größere Distanz vorgezogen - diese Ruten werden deshalb als Wagglerruten bezeichnet.
Auf größere Distanz ist ein wirksamer Dämpfer für die notwendigerweise kräftigeren Anschläge nötig - diese Aufgabe wird von der nachgiebigeren Aktion der Wagglerrute erfüllt, ohne die Schnur zu durchschlagen oder dem Fisch den feindrähtigen Haken aus dem Maul zu ziehen.

Eine Besonderheit für den Spezialisten stellt die ultrafeine Hochleistungsrute „Powerlite" von Bruce & Walker dar, die mit ihrer unglaublich feinen Aktion den Einsatz leichtester Schnüre auch auf sehr große Entfernung erlaubt, wie es in Seen immer wieder nötig werden kann. Ihre zarte Spitze dämpft den Anhieb so nachgiebig, daß die Rute auch bei einem 0.10er Vorfach auf 30 m Distanz voll durchgezogen werden kann, ohne die Leine zu sprengen. Eine einzigartige Spezialität für die Hand des Könners!

Die Ruten mit straffer Aktion, die durch das durchgehende Hohlspitzenteil erreicht wird, werden für das Fischen mit Stickpose bis maximal dreifacher Rutenlänge, meist aber wesentlich kürzerer Entfernung eingesetzt. Diese Ruten mit spitzenbetonter Aktion werden als Stickruten bezeichnet.

Bei den Ruten besserer Qualität werden heute hochmodulierte Kohlefaser und Carbon-Kevlar-Verbindungen eingesetzt. Dadurch wurden die Ruten immer leichter und dünner. Sie besitzen eine schnelle, straffere Aktion, werfen weiter und genauer als die Glasruten und der Anhieb ist schneller. Die besten Modelle liegen z.Z. bei 13 Fuß Länge unter 150 g Gewicht.

Beim Vergleich des Marktangebotes zeigt sich, daß leichtere, feine Ruten wie die "Powerlite" für kleine Beute und das Fischen im Stillwasser angeboten werden und kräftigere Modelle für Strömung und große Fische wie die Topserie "Edition I" von Balzer. Der Angler wird sich das passende Gerät für seine Gewässer aus diesem breiten Spektrum so wählen, wie es den Anforderungen an seinen Angelgewässern am besten gerecht wird.

Sehr gefragt sind inzwischen wieder hochwertige Glasfaserruten, die zwar mehr Gewicht auf die Waage bringen und einen dickeren Blank aufweisen. Aber ihre besonderen Eigenschaften machen sie in der Hand des Spezialisten auch heute noch unersetzlich. Ihre Aktion ist eher weich und parabolisch mit nahezu unbegrenzten Kraftreserven im Rückgrat. Das Material macht sie fast unverwüstlich. Dadurch werden sie zum Idealgerät für extreme Fälle: fischen aus dem Unterholz heraus, wo das Bruchrisiko durch die Nähe der Bäume besonders hoch ist und das Beangeln von großer Beute im Nahbereich, wo mit Gewaltfluchten eine übermäßige Belastung der Rute eintreten kann. Diese Ruten sind in der Lage, die stärksten Kämpfer zu meistern wie Barbe, Nase, Döbel, Schleie, Karpfen und den starken Grasfisch.

Rutentypen wie die berühmte dreiteilige Trotter mit ihrem abnehmbaren Handteil oder die kräftigen alten Glasmatchruten führen dieses Feld an. Optimal ist bei den Glasruten eine Länge von 12 Fuß - hier zeigen sie die besten Eigenschaften. Ab 13 Fuß werden sie spürbar kopflastig und verlieren ihre straffe, knackige Aktion.

Eine echte Spezialität für den Liebhaber des Besonderen sind die gespließten Hexagraph-Ruten aus dem Haus Bruce & Walker, die in Handarbeit aus Kohlefaserspließen in der gleichen Weise gefertigt werden wie früher die gespließten Bambusruten.
Von geradezu bestechender Schönheit, wiegen sie durch ihre Bauweise aus Vollmaterial zwar etwas mehr, sind aber dafür robust und belastungsfähig. Trotz ihrer straffen Aktion, die sie der Kohlefaser verdanken, zeigen sie bei Belastung die nachgiebige parabolische Aktion aller gespließten Ruten und eignen sich in besonderer Weise für das Befischen stärkerer Beute. Ihr qualitätvoller Nimbus, der natürlich bezahlt sein will, läßt sich nur als ausgesprochen kultig beschreiben. Für den Nobelangler, der auf feinstes Gerät wert legt, sozusagen ein unbedingtes Muß!
Ein Punkt besonderer Aufmerksamkeit sind die Ringe. Einige Ruten tragen Ringe mit Einlagen, andere nur einfache Chromringe aus Edelstahl. Beide Ringarten haben ihre Vorzüge: die Ringe mit Einlage sind zwar schwerer und beeinträchtigen dadurch etwas die feine Aktion, aber sie schonen die Schnur dank besserer Ableitung der Reibungswärme und halten über viele Jahre.
Die Ringe ohne Einlage sind dafür sehr leicht und genießen den Vorzug, sich bei der Aktion kaum bemerkbar zu machen. Und bei der Posendrift gleitet die Schnur leichter durch als bei Ringen mit Einlage. Leider nutzen sie schneller ab und müssen dann erneuert werden. Man muß sie daher von Zeit zu Zeit mit Hilfe einer Lupe gründlich auf Gebrauchsspuren prüfen, die sich in fortgeschrittenem Stadium als eingefräste Rillen zeigen. Bei den ersten Anzeichen von Frässpuren sollten sie ausgewechselt werden, da sie sonst bei Belastung die feinen Schnüre sprengen.
Selbst heute, bei inzwischen abgeschlossener Pionierphase, wo man erwarten dürfte, daß die Hersteller alles über richtige Beringung wissen, entdeckt man noch staunend Modelle, bei denen die Beringung hoffnungslos unbefriedigend ist. Erklären läßt sich dies nur dadurch, daß viele Hersteller, wenn sie überhaupt jemals eine Rute zum Wasser nehmen, als Angler selbst tatsächlich die größten Dilettanten sind und nicht die geringste Vorstellung von den Eigenschaften haben, die ihre Ruten besitzen sollten. Und dies nicht nur in Deutschland, wo es kaum anders zu erwarten ist, sondern auch in England - immerhin dem Mutterland der Angelei!!
In weiser Kenntnis dessen engagieren die besseren Firmen Spezialisten, meist bekannte und namhafte Angler, deren Beratung dann zu brauchbaren bis hervorragenden Produkten führt. Einige Firmen wollen sich Extrakosten

sparen und friemeln Ruten zusammen, die dann eben nur sehr teilweise den praktischen Anforderungen gerecht werden können. Allerdings dürfen wir nicht darauf vertrauen, daß jede Firma, die sich in der Werbung mit bekannten Namen ziert, ihre Produkte von diesen Anglern hat entwickeln lassen.

Und manchmal werden auch bekannte Namen für die Werbung bezahlt, deren Träger den Zusammenhang mit anglerischer Kompetenz kaum ahnen lassen und die natürlich noch nie in ihrem Leben einen Rutenrohling in der Entwicklungsphase gesehen, geschweige denn beurteilt haben!!

Um wieder etwas Positives zu bemerken - die optimalen Abstände zwischen den Ringen dürften heute als allgemein bekannt gelten, jedenfalls ist mir keine Rute vor Augen, die in diesem Punkt zu bemängeln wäre.

Kritikwürdig ist allerdings bei einigen Modellen die Größe der Ringe. Die Beringung sollte mit einem großen, langbeinigen Ring über dem Handteil beginnen, der die Aufgabe hat, die großen Schnurklänge, wie sie beim Wurf von der Spule gleiten, aufzunehmen und so zu strecken, daß die Schnur möglichst geradlinig durch die nachfolgenden Ringe gleiten kann. Schließlich werden die leichtesten Montagen geworfen und jeder Reibungsverlust schlägt sich in reduzierter Wurfweite und auch Präzision nieder!

Die nachfolgenden Ringe sollten klein und hochbeinig sein - hochbeinig, damit die nasse Schnur bei Regen oder hoher Luftfeuchtigkeit nicht am Rutenblank klebenbleibt. Für die geradlinige Schnurführung sollten die Ringe in ihrer Größe fein abgestuft sein - Größe und Länge der Stege müssen in unspürbaren Stufen zur Spitze hin abnehmen bis zu einem kleinen, aber äußerst stabilen Spitzenring mit widerstandsfähiger Einlage, die ja schließlich bei jedem Drill in ganz besonderer Weise belastet wird!

Dieses Anforderungsprofil sollten sich selbst namhafteste Hersteller in ihre Entwicklungsbücher schreiben!! Hoffen wir, daß auch diese Mängel in absehbarer Zeit verschwinden werden.

Der Preis jeder Rute spiegelt in der Regel bis zu einem gewissen Grad die Qualität ihrer Ausstattung wider, wobei allerdings nicht verschwiegen werden darf, daß es auch preisgünstige Ruten gibt, die erstaunlich brauchbar sind. Es lohnt sich in jedem Fall, nach solchen Sondermodellen Ausschau zu halten!

Empfehlenswert ist es, jede Rute auf ihre optimale Schnurstärke zu testen. Dieser Test ergibt den Wert ihrer „Kampfkurve", wie ich es nenne, von dem sich dann direkt die ideale Schnurstärke ablesen läßt, mit der die Rute ein harmonisches, ausgewogenes Verhältnis aufweist.

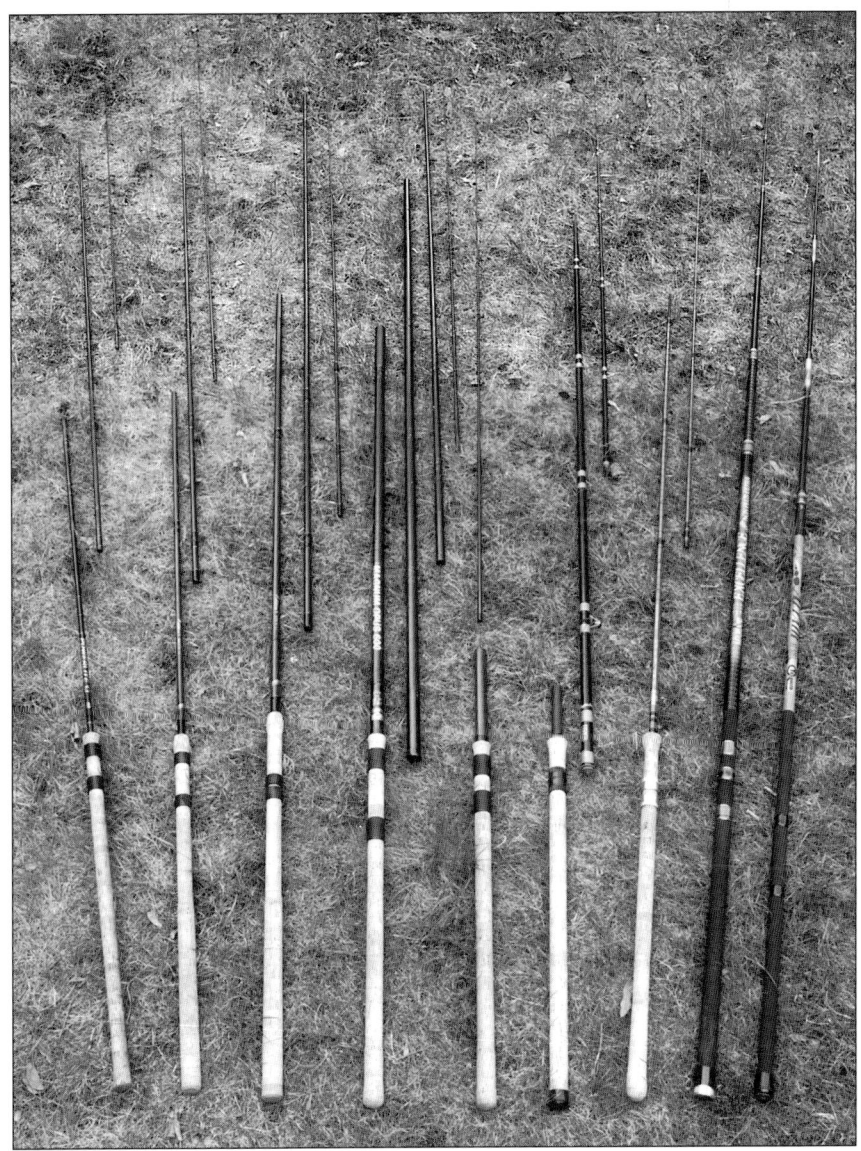

Matchruten: Powerlite, Edition I in 14 und 17 Fuß, Magnum Opus, Trotter, Hexagrah. Bolognaruten: Excellence und Altair.

Um die Kampfkurve zu ermitteln, benötigen wir ein preiswertes und vielseitiges Hilfsmittel, das über den Fachhandel bezogen werden kann: den WAKU-Schnurtester von Walter Kummerow. Dem Tester liegt eine ausführliche und gut bebilderte Bedienungsanleitung bei, wodurch die Handhabung des Gerätes auch dem Anfänger verständlich wird.

Am besten wird der Test im Freien durchgeführt, damit die Rute bei Schnurbruch nirgends anschlagen kann. Um die Ruten testen zu können, wird eine Rolle mit kräftiger, neuwertiger Schnur angebracht. Schnur durch die Ringe ziehen, ca. 2 m Schnur über die Rutenlänge hinaus abspulen und eine Schlaufe an das Schnurende knüpfen. Die Schlaufe in den Tester einhängen, der von einer zweiten Person sehr fest gehalten werden sollte.

Nun die Rollenbremse anziehen und mit beiden Händen fest am Handteil die Schnur spannen, bis sich die Rute an die Grenze ihrer Maximalbelastung biegt. Die beste Zugrichtung ist waagerecht - die Rute wird folglich seitlich gezogen. Dieser Test sollte, damit die Rute nicht überlastet wird, ruhig und kontrolliert durchgeführt werden - der Tester speichert den Maximalwert durch eine ebenso kluge wie einfache mechanische Einrichtung. Nun die Rute ablegen und den Wert ablesen.

Dieser Zugwert entspricht dem Wert der Kampfkurve der gemessenen Rute. Nun die passende Schnur wählen, deren Tragkraft leicht über dem Wert der Rute liegt. Mit dieser Schnur ist die Rute perfekt ausgewogen.

Eine stärkere Schnur zu verwenden ist in der Regel nicht sinnvoll, da die Rute, wie wir bei dem Test feststellen durften, keine höhere Belastung erlaubt. Schnüre mit höherer Tragkraft setzen wir nur ein, wenn auf größere Entfernung gefischt wird und zackig beißende Fische schnelle, zügig durchgezogene Anschläge nötig machen. Hier schützt die stärkere Schnur davor, beim Anhieb durchgeschlagen zu werden.

Mit entsprechender Vorsicht darf leichtere Schnur - etwa 1 bis 2 Stärken niedriger - verwendet werden, wenn die Fische besonders heikel sind und eine sensiblere Montage notwendig ist, um Bisse zu provozieren.

Bolognaruten:

Bolognaruten sind beringte Teleskopruten von hoher Qualität. In Norditalien werden sie als Allroundruten für das Angeln mit feinen Posen genutzt, um alle Fische zu fangen, die in den dortigen Gewässern leben. Jeder nur denkbare Köder von Made über Laubwurm und Mais bis Käse, Kichererbse oder Tauwurm kann an der entsprechend ausgewogenen Posenmontage in der Strömung frei treibend, meist aber über Grund schleifend angeboten

werden. Und von der Äsche über Barbe, Döbel und Hasel, Rotauge und Brassen bis hin zum Karpfen wird jeder Fisch gefangen, der sich mit einer Posenrute und leichter Montur bezwingen läßt.
Als erstes fällt das geringe Gewicht dieser Hochleistungsruten auf, das bei 6 m Ruten bester Qualität um 250 g, bei 7 m um 300 g liegt - als Folge der hohen Dichte und Güte der für den Blank verarbeiteten Carbonmatten.
Die Aktion der Bolognaruten ist dank ihres deutlich konischen Aufbaus (starke Verjüngung von einem dicken Handteil zu der feinen Spitze) eher spitzenbetont mit hohem Standvermögen und nicht der geringsten Seitenschwingung, wobei die kürzesten Modelle um 5 m für den Einsatz im Nahbereich auch eine nachgiebige, semiparabolische Aktion zeigen dürfen.
Je länger die Ruten, desto steifer sollten sie sein, da auf größere Entfernung der schnelle Anhieb aus dem Handgelenk auf schnellstem Weg zum Fischmaul durchdringen soll.
Die Spitzen sind äußerst biegsam, um auch dünne Schnüre nicht zu durchschlagen, denn mit Bolognaruten wird überwiegend fein gefischt! Aus den Merkmalen kraftvolles Rückgrat und sensible Spitze ergibt sich ein äußerst günstiges Wurfverhalten in Weite und Präzision.
Nachgiebige Modelle wie die Altair von Trabucco eignen sich für leichte Montagen in nicht zu harter Strömung, während sich straffe Weitwurfruten wie die Flotex-Excellence auch in härtester Strömung bewähren.
Bei der Messung zeigt sich, daß die Spitzen der einzelnen Modelle unterschiedlich stark sind - die dünnsten Spitzen für die feinsten Schnüre, die kräftigeren für stärkere Leinen.
Die Beringung aller Teleskopruten sieht für jedes Rutensegment einen Ring an dessen oberem Ende vor. Bei Spitzenmodellen sind dies angebundene Einstegringe, nur bei den billigsten Ruten akzeptieren wir aufgeklebte Hülsenringe. Die großen Abstände zwischen den Ringen sind durch die Länge der Segmente vorgegeben und können bei Belastung der Rute nicht zu einem Idealverlauf der Schnur führen, die der Rutenbiegung folgen sollte.
Für die unteren 70 % der Rute ist dies kein Nachteil, da dieser Bereich ohnehin steif ausfällt. Um die Aktion der biegsamen vorderen Rutenteile besser nutzen zu können, werden bei führenden Modellen wie der *Excellence* und der *Altair* auf den beiden obersten Teilstücken Schieberinge eingesetzt, die den Ringabstand verkürzen und die Schnur während des Drills in einem weicheren Bogen der Rutenbiegung folgen lassen.
Um die Schnur beim Wurf reibungsfrei ablaufen und im Drill möglichst geringe Reibungswärme entstehen zu lassen, sollten die Ringeinlagen die

bestmögliche Qualität besitzen. Einlagen wie Hardloy oder das noch haltbarere SIC (Siliconcarbid) erfüllen diese Anforderungen optimal.
Ein typisches Merkmal italienischer Posenruten sind die angewickelten Klapprollenhalter, die uns zunächst zwar ungewohnt sind, den Rollen aber einen tadellos sicheren, festen Sitz garantieren, wenn sie von einem namhaften Hersteller wie Fuji stammen.
Die Standardlängen der Bolognaruten sind 5, 6 und 7 m, die in jeweils entsprechend weiterem Abstand vom Ufer gefischt werden. Die maximale Reichweite, bei der die Pose noch kontrolliert mit abgehobener Schnur geführt werden kann, liegt bei etwa dreifacher Rutenlänge - also 15 m Reichweite bei 5 m Rutenlänge, 18 bis 20 m Reichweite bei 6 m Länge und 21 bis 23 m bei 7 m Länge. Optimal in Reichweite und Schnelligkeit in der Handhabung dürfte die 6 m Rute sein. 5 m beschränken den Angler auf den Bereich bis 4 m Wassertiefe und rund 15 m Distanz. Bei 7 m Länge wirken sich das zunehmende Gewicht der Rute und der unsportlichere Durchmesser bereits spürbar aus, obwohl große Gewässer, wie wir sie in Deutschland in reichlicher Zahl besitzen, diese Länge fordern und die Handhabung der rund 330 g leichten Rute einem Stippfischer schon wie eine Erholung vorkommen dürfte! Bei den Würfen zeigt sich allerdings bereits eine geringere Dynamik und die Reaktionsschnelligkeit läßt etwas nach.
Ruten ab 8 m Länge sind für das Distanzangeln kaum noch geeignet - zu schwer und zu langsam! Diese Sonderlängen werden im Nahbereich bei extremer Wassertiefe eingesetzt oder wenn es sich bei zu starkem Wind empfiehlt, die Pose unter der Rutenspitze zu führen, aber ein größerer Abstand vom Ufer eingehalten werden muß, um die Fische zu erreichen.
Eine Sonderstellung nehmen die langen Steckruten englischer Bauart ein wie die Edition I in 17 Fuß (5.10 m) Länge von Balzer mit ihrer perfekten Aktion und die Opus Magnum von Bruce & Walker in 20 Fuß (6 m), deren Aktion als Steckrute nahezu die Qualität der italienischen Vorbilder erreicht. Und beide Ruten sind als typische Vertreter der Steckruten im englischen Stil neben allen anderen Qualitäten auch noch wunderschön.
Dazu bietet die Bruce & Walker zwei Wechselspitzen unterschiedlicher Stärke zur Anpassung an verschiedene Schnurstärken und zwei Handteile zur Verkürzung der Rute von 6 auf 5 m - also ein wahrlich vielseitig einsetzbares Instrument! Die Aktion fällt bei der gekürzten Version allerdings steifer aus als bei der Maximallänge, während die kürzeren Bolognaruten zu mehr Nachgiebigkeit neigen, um bei zunehmender Länge steifer zu werden, wie es sich in der Angelpraxis auch als günstiger erweist.

Stationärrollen mit Heck- und Kopfbremse, Kapselrolle, zwei Centrepins

Rollen

Während der Stipper dieses Kapitel gelangweilt überblättert und das gesparte Geld in eine bessere Rute investieren darf, sind die Angler mit beringten Ruten auf mindestens eine Rolle angewiesen.
Da es der Posenangler meist mit sehr feinen Schnüren zu tun hat und er die Rolle einer äußerst hohen Dauerbelastung aussetzt, ist er in ganz besonderer Weise auf vorzügliche Qualität angewiesen. Billige Rollen bieten kaum die notwendige Summe der geforderten Qualitätsmerkmale und der engagierte Angler wird sich in den gehobenen Preisklassen orientieren müssen. Da dieser Bereich schon unter 200,- DM beginnt und es sich bei guten Rollen dank ihrer Langlebigkeit um einmalige Investitionen handelt, dürfte die Entscheidung für eine solche Ausgabe nicht allzu schwer fallen.
Billigrollen dürfen keinerlei Qualitätsanspruch erheben. Längerer Belastung halten sie nicht stand und eine Reparatur lohnt meist nicht, da die Vielzahl der jährlich wechselnden Modelle in dieser Kategorie eine Lagerhaltung sämtlicher Ersatzteile unmöglich macht. Das führt dazu, daß der Angler bald ein neues Modell ähnlicher Preislage anschafft, ohne zu bemerken, daß er bei der einmaligen Ausgabe für ein Qualitätsprodukt über die Jahre sehr viel

Geld gespart hätte. Abgesehen davon, daß er natürlich jahrelang mit einer hochwertigen Qualitätsrolle hätte fischen können, statt nach wie vor zweitklassiges Gerät zu besitzen!
Allerdings - das muß natürlich auch erwähnt werden - genießt er immerhin den Vorteil, mit jedem neuen Modell wieder auf dem neuesten Stand der technischen Entwicklung zu sein, wenn auch durch den niedrigen Preis vorgegeben, auf einem unteren Niveau.

Stationärrollen:
Die rapide Entwicklung der letzten Jahre mit teils stürmischen Schüben in den Bereichen Material und Verfeinerung der Bedienungsfreundlichkeit hat zum Siegeszug der Stationärrolle auf nahezu allen anglerischen Gebieten geführt. Neben der Wurfweite stellt sich mit zunehmender Praxis auch ein hohes Maß an Wurfpräzision ein - ein unschätzbarer Vorteil für den Posenangler, der darauf angewiesen ist, auch mit den leichtesten Montagen bei jedem Wurf eine eng begrenzte Futterstelle zu treffen.
Um die Wurftauglichkeit zu erhöhen, wurde in den letzten Jahren die ideale Spulenform erforscht - fast durchgängig sind die neueren Modelle heute mit den modernen, hohen Weitwurfspulen ausgestattet. Glattpolierte Spulenkanten, bzw. eine spezielle, reibungsarme Beschichtung, sorgen bei den besseren Modellen für nahezu reibungsloses Abgleiten der Schnur.
Während kantig herausragende Bauteile im Rotorbereich einiger älterer Modelle bei Gegenwind noch zu extremer Schnurverheddderung führen konnten und den Wechsel zu einer windunanfälligen Kapselrolle empfahlen, weisen praktisch alle modernen Konstruktionen gerade in diesem sensiblen Bereich in Spulennähe nur noch glatte, runde und schnurabweisende Flächen auf. Was in logischer Folge dazu führte, daß der Absatz von Kapselrollen deutlich zurückging und heute nur noch der Liebhaber zu diesen Klassikern der Vergangenheit greift.
Innerhalb des Rotors laufende Spulen sind beim Einsatz feiner Schnurstärken eher ungünstig - es passiert leider immer wieder, daß die Schnur ihren Weg unter die Spule findet und sich mit verheerenden Folgen um die Achse wickelt. Aus diesem Grund sehen heute fast alle Rollen die übergreifende Spule vor, die dies auf die sicherste Weise verhindert.
Die Größe der Rolle sollte auf das Gewicht und die Länge der Rute abgestimmt sein - es ist nicht nötig, besonders kleine Rollen zu wählen. Die Miniaturröllchen, die für den Reiseangler auch in tadelloser Qualität angeboten werden, sind für den Posenangler kaum geeignet. Alle kleineren

Modelle der führenden Rollenserien kommen in Betracht - speziell, wenn die Hersteller mit dem Angebot von extraflachen Matchspulen ihre Rollen als besonders posentauglich empfehlen. Diese flachen Spulen nehmen nur eine beschränkte Länge Schnur auf - mehr Schnurfassungsvermögen als z.B. 100 m 0.16er Schnur dürfte kaum erforderlich sein. Stehen flache Spulen nicht zur Verfügung, füllen wir die tiefe Spule mit gebrauchter Schnur mit wesentlich dickerem Durchmesser - z.B. abgenutzte 0.25er oder 0.30er vom Vorjahr als Backing.
Wesentlich ist, daß Ersatzspulen in ausreichender Menge schnell lieferbar sind. Was nützt uns die beste Rolle, wenn wir nach dem Kauf zwei Jahre auf die Spulen warten müssen (wie es selbst bei bekannten Firmen vorkommen kann, die damit ihre hoffnungslose Unfähigkeit zu kundenfreundlichem Marketing beweisen) und die Rolle während dieser Wartezeit nur in eingeschränkter Weise nutzen können?!
Um allen Situationen gerecht zu werden, ist der Posenangler auf eine breite Auswahl von Schnurstärken angewiesen. Im Idealfall stehen ihm Spulen mit 0.10er, 0.12er, 0.14er, 0.16er, 0.18er und 0.20er Schnur zur Verfügung. Da viele Rollen inzwischen mit Ersatzspule geliefert werden, sollte er also möglichst 4 Spulen plus 1 Reservespule für den Notfall zusätzlich erwerben.
Günstig sind Spulen, die mit einem Druckknopfmechanismus verriegelt sind. Spulen, die umständlich abgeschraubt werden müssen, sind dem ungeduldigen Angler lästig und das böse, böse Schicksal will es, daß die Schraube gnadenlos irgendwann im Wasser verschwindet. Was dazu führt, daß ich persönlich regelmäßig lieber *vorher* die ganze Rolle im Wasser versenke, um mir den Frust zu ersparen, eine teure Rolle nur wegen eines fehlenden Teils jahrelang nicht benutzen zu können (!?!). Mit Wehmut und Tränen im Herzen denke ich an einige schöne Mitchells!
Rollen besserer Qualität besitzen heute zur Sicherheit mehr Kugellager als bewegende Teile, die gelagert werden könnten (Scherz!) - immerhin ist ein gelagertes Schnurlaufröllchen, dessen Leichtgängigkeit durch das Kugellager immens gewinnt, ein Vorteil für den Schutz der Schnur vor Abrieb.
Der Schnurfangbügel sollte durch eine kräftige Feder zügig zurückschnappen (besonders beeindruckend: zu *beiden* Seiten des Bügels je eine Feder!) - natürlich wiederum nicht so zügig, daß der Zeigefinger guillotiniert würde! Einige sonst vorzügliche Modelle der jüngeren Vergangenheit litten unter chronischer Federschwäche, wodurch man nach jedem Wurf gezwungen war, dem Schließen des Bügels manuell nachzuhelfen - äußerst lästig und bei sauberer Konstruktion höchst überflüssig!

Alle aufgeführten Mängel der Vergangenheit sind wohl, wie bereits im Rutenkapitel angedeutet, nur dadurch zu erklären, daß die Hersteller - meist auf „Status" bedachte Multimillionäre - ihre Zeit lieber mit Reiten, Golf oder Tennis verbringen, als ihre Produkte eigenhändig am Wasser auszuprobieren und aufgrund eigener Erfahrung zu verbessern!

Positiv zu bewerten ist, daß den Rollen gehobener Qualität bereits beim Kauf ein Minimum an erforderlichen Ersatzteilen beigelegt ist. Dies erspart im Bedarfsfall die umständliche und zeitraubende Bestellung.

Für das Posenangeln sollte die Grundeinstellung der Bremse eher leicht sein und nicht kurz vor der Maximalbelastbarkeit der Schnur. Bei jedem Anködern muß sich der Haken nach Einschwingen der Montage, bzw. Abködern der Beute griffbereit etwa in Höhe der Rolle befinden. Dazu ist es häufig nötig, etwas Schnur freizugeben, um den Haken in die richtige Lage zu bugsieren und eine weich eingestellte Bremse macht diesen Vorgang leicht. Zudem ist man mit weicher Bremseinstellung davor geschützt, daß ein im Nahbereich überraschend heftig zupackender Fisch die Rute ins Wasser reißen könnte, wenn man sie gerade im Rutenständer abgelegt hat!

Für den Anhieb wird die Spule mit dem Zeigefinger gebremst und leichtes, dosiertes Nachgeben des Fingerdruckes auf der Spule beantwortet die Flucht des Fisches. In einer ruhigen Phase während des Drills wird dann die Bremse so weit wie nötig geschlossen.

Inzwischen werden wieder mehr Rollen mit Kopfbremse angeboten, nachdem sie in den 80ern fast völlig vom Markt verschwunden waren. Abgesehen davon, daß die Konstruktion der Kopfbremse zu einem guten Aussehen der Rolle führt, ist sie dank größerer Bremsscheiben zuverlässiger und kraftvoller und meistert auch die stärkste Beute. Da die Kopfbremse nicht das Getriebe belastet, darf man insgesamt eine höhere Haltbarkeit erwarten.

Die Heckbremse ist sehr bequem, muß aber auf großvolumige Bremsscheiben verzichten, da der Bremsmechanismus in dem begrenzteren Rahmen des Gehäuses Platz finden muß. Darüberhinaus belastet diese Anordnung das Getriebe und führt unvermeidlich zu einem höheren Verschleiß.

Eine Sonderstellung nehmen die Cardinal-Rollen von Abu ein, deren schräg angesetzter Bremsstellknopf zu einer Bremse von ausreichender Größe führt, die nicht über das Getriebe läuft. Diese Bauweise in Verbindung mit einem hochwertigen Getriebe begründete seinerzeit den gerechtfertigten Ruf äußerster Qualität und Langlebigkeit der Produkte von Abu.

Rollen mit Automatikbügel, der auf Fingerdruck die Schnur freigibt, lassen sich einhändig bedienen und sind in ihrer Handhabung schnell und bequem.

Für Liebhaber sicher eine lohnenswerte Investition, die aber nicht wirklich zu deutlich spürbaren Vorteilen führt - besonders, da jeder zusätzliche Mechanismus zur Quelle möglicher Probleme werden kann. Dennoch empfehlenswert für den Angler, der Freude an raffiniert ausgetüftelten Konstruktionen und dazu das nötige Kleingeld hat!
Auch Rollen mit zusätzlicher Kampfbremse, wie sie Mitchell in den 80ern auf den Markt brachte, haben sich beim Posenfischen als äußerst wertvoll erwiesen. Mir bleibt unverständlich, daß dieser intelligenten Erfindung nicht mehr Anerkennung geschenkt wurde, denn diese Zweitbremse ermöglicht eine sehr weiche Grundeinstellung der Hauptbremse und per Zeigefingerdruck die dosierte Regelung der Bremskraft im Drill, je wie der Fisch es fordert. Und plötzliche Fluchten des Fisches vor dem Kescher werden nahezu verzögerungsfrei durch Nachlassen des Bremsdruckes beantwortet.

Centrepinrollen:
Mit dem gleichen Argument wie die Kapselrolle behaupten inzwischen auch die bildschönen Centrepins wieder ihren Stand. Die Hinwendung zu älteren Ruten und Rollen, sowie übrigens auch vielem anderen alten Zubehör, läßt sich sicherlich auch als unmutige Gegenreaktion auf das immer extremere High-Tech-Angeln vieler Fanatiker erklären, dem Zauber und Geheimnis des archaischen Elements Wasser zunehmend entgleiten.
Aber es sollte nicht übersehen werden, daß viele alte Geräte durchaus Qualitäten besitzen, die ihren Einsatz auch heute noch mit anglerischen Vorzügen rechtfertigen können!
Größter Vorteil der Pin gegenüber allen anderen Rollen ist der ruckfreie, seidenweiche Lauf, mit dem eine von der Strömung getriebene Posenmontage Schnur von der Spule nimmt, während wir mit dem Finger am Spulenrand den Lauf dosieren, verzögern oder die Pose zum Stehen bringen.
Zwar erlaubt auch die Stationärrolle ein Abspulen der Schnur mit der Strömung, indem wir bei offenem Bügel mit dem Finger am Spulenrand die Schnur freigeben. Nur läuft sie dann in vollen Klängen von der Spule, was zu einem sprunghaften Lauf der Pose führt. Nur die Pin ist in der Lage, die Montage sanft und gleichmäßig treiben zu lassen.
Um die Leichtigkeit der Drehung zu steigern, sind moderne Pins mit zwei Kugellagern auf der Achse versehen. Technisch führt dies zu einer optimalen Lösung - Kenner schätzen jedoch den weicheren, geräuschlosen Lauf der ungelagerten Spule, wie er entsteht, wenn eine Rolle nach einiger Zeit gut eingelaufen ist.

Wurf mit der Centrepinrolle und Wurfhaken im Detail

Um diesen Prozeß des Einlaufens zu beschleunigen, wenn man eine neue, ungelagerte Rolle gekauft hat (z.B. die Modelle Salmon Aerial und Match Aerial - Info direkt beim Autor), klebt man mit Tesafilm zwei bis drei kleine Pappsegel in die Löcher der Spule und läßt sie durch einen kaltblasenden Fön mindestens 24 Stunden oder länger durchgehend rotieren. Sollte der Fön dabei seinen Geist aufgeben - na, wenn schon! Die geringe zusätzliche Investition wird durch den perfekten Lauf der Spule belohnt!

Die Kraftübertragung im Verhältnis 1 : 1 sorgt für sehr direkten Kontakt zum Fisch - ein Drillerlebnis, dessen besondere Qualitäten von allen Freunden der Pin hervorgehoben werden! Man spürt die volle Kraft des Fisches, die sich nur mit entsprechend hoher Gegenkraft überwinden läßt.

Das Tempo des Einholens ohne Fisch am Ende der Schnur läßt sich erheblich beschleunigen, wenn man nicht Umdrehung für Umdrehung die Kurbel bedient, sondern mit kräftigen Schlägen auf den Rand der Spule die Rolle in schnelle Rotation versetzt, wobei sie so beschleunigt wird, daß die Schnur schneller auf die Spule schießt als bei der Stationären. Die Sorge, die stabile Rolle könnte unter dieser Technik leiden, ist unbegründet, wie der Hersteller garantiert!

Eine eingebaute Knarre ist äußerst vorteilhaft - sie verhindert beispielsweise beim Beködern des Hakens, daß die Montage durch ihr Eigengewicht hinabgleitend unkontrolliert Schnur von der Spule zieht und damit zur Ursache von Schnurverwicklungen wird.

Verdrängt wurde die Pin von der Stationärrolle hauptsächlich wegen ihrer eingeschränkten Wurftauglichkeit. Als Liebhaber alter Geräte und natürlich auch der klassischen Pin trieb mich jahrelang die Überlegung um, daß es doch möglich sein sollte, für dieses Problem eine Lösung zu finden. Die Lösung ist mit einem Wurfstil gefunden, den ich für die englische Angelszene entwickelt habe, wo die Pin sehr viel häufiger anzutreffen ist. Er ist äußerst leicht zu lernen und erlaubt alle Wurfarten - also Unterarmschwung, Seitwärtswurf und selbst den weitreichenden Überkopfwurf!

Mit diesem Wurfstil, um es noch einmal deutlich zu sagen, ist die Pin ebenso vielseitig einsetzbar wie die Stationärrolle und erzielt nahezu die gleiche Reichweite im Wurf. Dabei ist der Wurf so leicht zu begreifen, daß jeder Angler das Prinzip nach einigen Probewürfen am Wasser verstanden hat und ihn sofort einsetzen wird!

Für den Wurfstil besorgt sich der Angler ein kleines Hilfsmittel, dessen zwei Bestandteile er für rund 1,50 DM im Eisenwarenhandel erhält: Ein nichtrostender, offener Haken (Stahl, Bronze, Messing) mit etwa 2 cm Durchmesser und einem Holzgewinde am unteren Ende wird in einen kleinen Holzgriff (Rohling für Werkzeuge wie Feile o.ä.) geschraubt, um den zum Werfen notwendigen Wurfhaken herzustellen.

Die Wurftechnik: Mit dem Wurfhaken in der linken Hand wird die Schnur vor der Rolle aufgenommen, während die Montage so von der Rutenspitze hängt, daß das Vorfach in Höhe der Rolle schwebt. Die Hand wird nun mit der im Bogen des Wurfhakens gefangenen Schnur nach links ausgestreckt, während der Daumen der rechten die Schnur gegen den Spulenrand drückt. Die Montage hängt jetzt dicht unter der Rutenspitze.

Nun die Rute in Wurfposition bringen (je nach gewünschter Wurfart seitwärts, zum Wasser geneigt oder hinter dem Kopf) und den Wurf ausführen. Etwa in 11-Uhr-Stellung wird der rechte Daumen gelöst und die Schnur damit freigegeben. Die Schnur läuft nun seitlich von der Spule durch den Haken und zurück zum Führungsring der Rute, bildet also einen Dreiecks-

winkel. Wichtig ist nur die Koordination zwischen der werfenden rechten Hand und dem gleichzeitig unbewegt ausgestreckten linken Arm!
Leider läßt sich ein gewisser Schnurdrall nicht vermeiden, der die Tragkraft der Leine vermindert, wenn er nicht entfernt wird. Die Beseitigung ist leicht und schnell vollzogen: Nach jeder Angelsession 10 bis 15 m Schnur mit einem kurzen Wurf abspulen und die Schnur fest zwischen Daumen und Zeigefinger geklemmt, mehrmals an der Schnur entlang nach unten streichen, meterweise aufspulen und bis zum Vorfach wiederholen, dann das frei hängende Vorfach einfach ausdrehen lassen.
Natürlich ist der Drall abhängig von der Häufigkeit der Würfe. Wenn nicht zu oft geworfen wird, reicht es aus, die Schnur am Ende des Angeltages zu entdrallen. Bei häufigen Würfen kann es allerdings notwendig werden, zwischendurch einmal die Montage so weit wie möglich von der Rutenspitze hängen zu lassen und einige Augenblicke zu warten, bis sie sich selbst ausgedreht hat!

Kapselrollen:
Früher waren leicht und schnell zu bedienende Kapselrollen - allen voran die klassischen Modelle von Abu - bei den Matchanglern sehr beliebt, da sie nicht wie die älteren Stationärrollen unter Schnurverwicklungen bei Gegenwind zu leiden haben. Mittlerweile sind die Stationärrollen so komfortabel geworden, daß sie von den meisten Anglern bevorzugt werden und die Kapselrolle dadurch mehr und mehr an Bedeutung verliert.
Nachdem heute erfreulicherweise immer mehr Angler wieder zu den schönen alten Rutenklassikern aus Glasfaser und gespließtem Bambus greifen und das Fischen dadurch eine liebhaberisch-kultige Note erhält, sind auch die dazu passenden Rollen gefragt. Natürlich verbietet es sich von selbst, eine alte Rute oder eine neue gespließte Hexagraph mit einer modernen Baitrunner oder Doppelkurbel-Stradic zu bestücken.
Große Auswahl gibt es nicht mehr, aber z.B. die Super-Contact 400 besticht außer durch ihre Schönheit und ihre äußerst komfortable Bedienung mit robuster Qualität und der Sicherheit, mit der sie gerade den Einsatz der allerfeinsten Schnüre und leichtesten Posen erlaubt, wobei die Schnur bei langen Driften seidenweich aus der Kapsel läuft - geradezu klassische Vorteile aller Kapselrollen.
Auch wenn die Kapselrolle heute keinen wirklichen Vorteil gegenüber der modernen Stationärrolle bieten kann - für den Genießer bleibt der Umgang mit einem solchen schönen Stück ein herausragendes Erlebnis!

Schnur, Haken, elektrischer Hakenbinder, Torpillen und Schrot

Schnur und Haken

Die Schnur ist unsere direkte Verbindung zu dem Fisch. Bricht die Rute oder hakt das Getriebe unserer Rolle, hängt der Fisch dennoch an der Schnur und wir haben die Aussicht, ihn mit ein wenig Glück und Geschick zu landen. Wird die Schnur beschädigt oder bricht der Haken, ist der Fisch verloren. Soviel zu den Prioritäten, soweit sie unsere Ausrüstung betreffen!

Schnur:
Wir sehen an der vorangegangenen Überlegung, welch entscheidende Bedeutung unserer Angelschnur zukommt. Gemessen daran läßt die Behandlung dieses wichtigsten aller Bestandteile unserer Ausrüstung bei vielen Anglern einiges zu wünschen übrig. Offensichtlich sind ihnen die Folgen nicht klar, die selbst unscheinbarste Beeinträchtigungen der Schnuroberfläche nach sich ziehen werden! Stellen wir uns ein Stück Leinwandtuch vor, das wir zerreissen wollen. In unbeschädigtem Zustand ist dies

selbst einem kräftigen Menschen kaum möglich. Ritzen wir aber nur die zwei ersten Fäden am Rand, kann ein Kind das Tuch zerreissen. Ebenso ist es bei der Schnur.

Wir sollten also peinlichst darauf achten, unsere Spulen und Montagen so zu lagern, daß nichts mit der Schnur in Berührung kommt und sie keiner UV-Strahlung ausgesetzt ist, solange wir sie nicht benutzen, denn auch dies schwächt die Tragkraft erheblich.

Vor jedem Angeleinsatz sind wir gut beraten, die ersten Meter der Schnur sorgfältig durch zwei Finger zu ziehen und auf Beschädigungen wie rauhe Stellen oder Kringel zu überprüfen. Sind wir fündig, muß die Schnur unbedingt oberhalb der Beschädigung abgeschnitten werden. Auch wenn die Schnur bei einem harten Drill stark gefordert wurde, sollten einige Meter abgeschnitten werden.

Einfache Überhandknoten sind tödlich für die Schnur. Sollte sich einer dieser strangulierenden Knoten in unsere Montage verirren, wie es gelegentlich bei Gegenwindwürfen geschieht, muß die betroffene Strecke Schnur sofort abgeschnitten werden, denn selbst bei einer mittelprächtigen Flucht, wie sie ein halbstarker Brassen liefert, würde sie gesprengt!

Die besten Würfe werden mit einer optimal gefüllten Spule erzielt. Um diese optimale Füllung zu erreichen, ist die bereits empfohlene Reservespule äußerst nützlich. Wir füllen zunächst 100 m der gewünschten Angelschnur auf die Spule und füllen sie dann bis etwa 1 mm unter den Spulenrand mit einer Backingschnur - z.B. alte 0.25er, die wir im Vorjahr zum Karpfenangeln benutzt haben. 100 m Schnurlänge dürften für alle Belange des Posenfischens ausreichend sein. Dann wickeln wir die optimale Schnurfüllung auf die vorgesehene Gebrauchsspule um und beschriften sie auf einem Klebeetikett am Innenrand mit dem Datum der Füllung und der Schnurstärke.

Durch den Einfluß von UV-Strahlung und Wasser nimmt die Tragkraft der Schnüre während der Benutzung rasch ab. Um den Zustand unserer Schnüre kontrollieren zu können, setzen wir den bereits angesprochenen WAKU-Schnurtester ein. Empfehlenswert wäre, jede neue Schnur vor dem ersten Einsatz zu testen und den Wert der tatsächlichen Tragkraft zu notieren. Mit regelmäßigen Überprüfungen stellen wir fest, wieviel Tragkraft die Schnur verloren hat. Sinkt die Tragkraft unter 70 %, wird die Schnur erneuert.

Welche Eigenschaften erwarten wir von unserer Schnur?
- Sie sollte im Wasser möglichst unsichtbar sein, um die Fische nicht zu verschrecken. Moderne Schnüre sind weitgehend reflexionsfrei und aufgrund ihrer speziellen Oberflächenbeschaffenheit im Wasser recht gut

getarnt. Dabei scheinen die verschiedenen Farbtöne der unterschiedlichen Produkte offensichtlich keinen wahrnehmbaren Nachteil zu bedeuten. In theoretischer Betrachtung vermutet man natürlich, daß bei hellem Wasser helle Schnüre und bei trübem Wasser dunkle Schnüre von Vorteil wären. Da es aber nicht praktikabel ist, Dutzende verschiedener Schnüre in allen Farben und Stärken zum Wasser zu tragen, müssen wir es hinnehmen, mit einer Farbe auszukommen. Im übrigen bauen wir darauf, daß die Hersteller uns Schnüre liefern, die die Fische nicht schon beim ersten Anblick in wilder Flucht in alle Himmelsrichtungen spritzen lassen.

- Um sich auch mit leichten Montagen gut werfen zu lassen und für den Fisch möglichst wenig spürbar zu sein, stellen wir uns die Idealschnur weich und elastisch, also biegsam vor. Natürlich ist dies eine Qualität, die sich mit steigender Schnurstärke notwendigerweise verringert - je dicker die Schnur, desto steifer muß sie zwangsläufig werden.

- Da Fische empfindlich auf Widerstände bei der Köderaufnahme reagieren, sollte der Schnurdurchmesser so gering wie möglich sein, aber dennoch so stark, daß wir nicht riskieren, einen Fisch durch Schnurbruch zu verlieren. Der Verlust eines Fisches durch Schnurbruch bedeutet immer einen abgerissenen Haken im Maul. Auch wenn der Fisch sich nach einiger Zeit von dem Haken befreit, bedeutet es doch unverdientes Leid für die Kreatur!

Häufig wird übersehen, daß Wasser einen ganz erheblichen Druck auf die Schnur ausübt. Und je stärker sie ist, desto größer wird der Druck, sodaß damit eine wachsende Belastung für die Montage auftritt. Dies ist der Grund dafür, daß die feinsten Pöschen nur an sehr feiner Schnur vernünftig arbeiten können. Wir sollten folglich stets darauf achten, Schnur einzusetzen, die nicht stärker ist als für die Aufgabe erforderlich!

- Hohe Zugkraft bedeutet, wie es auf der Hand liegt, einen Vorteil, der uns eine relative Sicherheit vor dem Verlust der Montage bietet. Jede Schnur nimmt in gewissem Umfang Wasser auf, wodurch sich die Tragkraft verringert, sobald die Schnur einige Zeit im Wasser war - ganz besonders an der schwächsten Stelle: dem Knoten. Die modernen „molekularversiegelten" Schnüre verhindern das Eindringen von Wasser weitgehend.

- Da jede Kette nur so stark ist wie ihr schwächstes Glied, wäre es wünschenswert, daß der Durchmesser der Schnur möglichst gleichmäßig bleibt. Dies ist nur bei sorgfältig kontrollierten Produktionsbedingungen möglich, wie wir es bei den führenden Qualitäten erwarten dürfen.

- Da wir beim Posenfischen darauf angewiesen sind, auf der Suche nach optimaler Köderpräsentation die Anordnung unserer Bleischrote zu verän-

dern und dabei einzelne Schrote auf der Schnur verschieben müssen, sollte die Schnur hochgradig abriebfest sein. Eine Schnur, die nach dem Verschieben Kringel aufweist, ist für uns ungeeignet!
- Alle Schnüre weisen einen gewissen Grad an Dehnung auf. Die älteren Produkte, die wir an ihrer geringeren Tragkraft erkennen, zeigen mehr Dehnung als die neuen Schnüre mit erhöhter Tragkraft. Sie empfehlen sich für den Einsatz im Nahbereich, wo die Fluchten starker Fische zu einer besonders hohen Belastung führen. Ihr Nachteil liegt allerdings in erhöhter Empfindlichkeit gegen Nässe - sie nehmen mehr Wasser auf und verlieren daher im Einsatz einen höheren Teil ihrer Tragkraft. Und auf Distanz verliert der Anhieb durch die starke Dehnung an Effektivität.

Die modernen molekularversiegelten Schnüre mit ihrem Schutz gegen eindringendes Wasser haben im Verhältnis zu ihrer hohen Tragkraft einen geringeren Durchmesser und sind daher unauffälliger für den Fisch. Ihr Durchmesser ist gleichmäßig und sie zeigen einen hohen Grad an Abriebfestigkeit. Ihre Dehnung ist sehr gering und sie eignen sich daher für den Einsatz auf Distanz, wo der Anhieb ohne Dehnungsverlust direkt auf den Haken einwirkt.

Ihr Nachteil: einen Teil ihrer Qualitäten erhalten sie dadurch, daß sie bei der Produktion kontrolliert *vorgestreckt*, also gedehnt werden. Dies macht sie besonders anfällig gegen plötzlich auftretende Krafteinwirkung, wie sie bei einem zu schnell und kräftig durchgeführten Anhieb auftreten kann - z.B. wenn uns ein Fisch im Nahbereich mit besonders heftigem Zugriff überrascht und wir mit verständlicher Hektik etwas zu kraftvoll reagieren.

Für den Anfänger sind diese Schnüre nicht gerade ideal, denn man muß lernen, sie stets mit einer gewissen Vorsicht zu behandeln: vor dem Anhieb immer erst Schnur straffen und Kontakt zur Pose herstellen. Dann einen zügigen, aber kontrollierten Anhieb durchziehen. Auf Distanz stärkere Schnur einsetzen, die in der Lage ist, den schärferen Anhieb aufzufangen. Dies besonders beim Posenfischen, wo nicht nur die Entfernung, sondern auch der ungünstige Winkel über die Pose zum Haken zu überwinden ist! Andererseits gleichen die Gummizüge der Stippe und die biegsamen Blanks der Rollenruten die fehlende Dehnung teilweise wieder aus.

- Eine nützliche Eigenschaft der Schnüre, die wir je nach Bedarf für unsere Zwecke nutzen, liegt in ihrer Schwimm- oder Sinkfähigkeit. Die meisten Schnüre schwimmen zunächst in trockenem Zustand - besonders natürlich die modernen Schnüre mit ihrem erhöhten Schutz vor Nässe. Nachdem sie Wasser aufgenommen haben, beginnen sie zu sinken. Dabei sinken einige

Schnüre leichter als andere, was sicher mit ihrer Fähigkeit zur Wasseraufnahme zu tun hat. Beim Fischen mit Wagglern, die ihre Möglichkeiten erst völlig entfalten, wenn wir die Schnur zwischen Rute und Pose unter Wasser ziehen, ist eine sinkende Schnur offensichtlich von Vorteil. Sticks und Wettkampfposen fischen sich am besten mit auf dem Wasser liegender Schnur, um die Posenkontrolle nicht zu beeinträchtigen - hier sind schwimmende Schnüre im Vorteil.

Diese gewünschten Eigenschaften lassen sich von uns beeinflussen: Fett schwimmt, wie wir leicht feststellen können, wenn wir nach den diversen Weihnachtsleckereien mit 10 kg Übergewicht - z.B. in der Neujahrsnacht - schwimmen gehen. (Vorsicht beim Überprüfen meiner Behauptung durch einen nächtlichen Sprung vom 10 m Turm - Freibäder lassen im Winter meistens das Wasser ab! Hinter dieser Warnung steht die Erfahrung, daß Angelbücher in der Regel eher im Winter gelesen werden und die Vermutung, daß 99 % der Leser sofort alle meine Behauptungen überprüfen, da man ja heutzutage niemandem mehr trauen darf. Also nix Macke meinerseits, von wegen Winter und Freibad und so!).

Geschirrspülmittel entfernt die fettigen Substanzen von der Schnur, die sie schwimmend machen, und läßt sie in entfettetem Zustand sinken. Den Tip englischer Autoren, die Spule über Nacht in ein Schüsselchen mit Spüli zu legen, sollte man tunlichst nicht befolgen - die klebrige Pampe, die man sich dann auf die Rolle steckt, wirft garantiert nicht viel weiter als 3 bis 4 cm! Wesentlich empfehlenswerter ist es, den kleinen Klemm-Mechanismus „Line Sink" zu verwenden, den wir von Zeit zu Zeit auf die Rute klemmen. Die Schnur wird vor dem Einholen zwischen die dafür vorgesehenen Klemmbacken gelegt, so daß sie beim Einholen automatisch entfettet wird. Läßt die Wirkung nach, träufeln wir einige Tropfen Spüli in die Polster und das Gerät ist wieder für einige Zeit funktionsfähig.

Das gleiche Gerät wird auch mit der Bezeichnung „Line Float" angeboten - es enthält dann ein Schnurfett, mit dem die Schnur schwimmend gemacht wird. Es wird in der gleichen Weise verwendet wie „Line Sink" und kann mit einem hochwertigen, besonders weichen Fliegenfett nachgefüllt werden.

Schnurstärken: Für das leichte Posenfischen im Nahbereich werden Schnüre von 0.10 bis 0.12 mm, als Standard für mittlere Entfernungen und stärkere Fische 0.14 und 0.16 mm, in harter Strömung, auf große Entfernung oder auf größere Fische mit der Rollenrute bis 0.20 mm eingesetzt. Dabei darf an der Stippe jeweils feinere Schnur verwendet werden, da bei der Festmontage die Belastung durch Würfe und Reibung an den Ringen entfällt.

Allerdings spielen uns fast alle Hersteller einen sehr unschönen Streich. Da glaubt man, besonders fein zu fischen, indem man eine 0.10er Schnur aufzieht, und was stellt man fest, wenn man sie dann mit einer Mikrometerschraube nachmißt? Daß sie in Wirklichkeit eine 0.125er ist! Mißtrauisch geworden, nimmt man das Meßschräubchen zu seinem Fachhändler mit und stellt bei einer schnellen Überprüfung fest, daß nahezu alle Hersteller lügen und betrügen. Bis auf die Flotex-Dynamica lag jede von mir geprüfte Schnur um rund zwei Punkte über dem angegebenen Wert - und dies selbst bei Schnüren, deren Hersteller mit der angeblichen Exaktheit ihrer Durchmesser protzen. Unfaßbar! Klar, daß bei einer vorgeblichen 0.10er, aber tatsächlich gemessenen 0.125er die Tragkraft höher ausfällt - was sich dann auf dem Etikett und in der Werbung natürlich prachtvoll macht. Ein Tip am Rande: wenn schon Meßschraube, dann sollten wir sie auch einsetzen, um eine Schnur mit möglichst gleichmäßigem Durchmesser zu finden!

Da es zu viel Aufwand bedeutet, die Hersteller per Gericht zu korrekten Angaben zu zwingen und die tatsächlichen Durchmesser in allen Fällen ziemlich konstant zwei Punkte über den angegebenen Stärken liegen, bleiben wir beim Schnurkauf jeweils um eine Schnurstärke darunter.

D.h. wir wollen eine echte 0.10er und kaufen daher eine 0.08er, die gemessen eine 0.10er ist. Eine 0.10er ist tatsächlich eine 0.12 usw. Bei unserem Lagerbestand streichen wir die Etikettangabe sofort durch und notieren mit Filzstift den wirklichen Durchmesser. Wer ganz sicher gehen will, leiht von Fall zu Fall oder besser noch kauft sich eine Meßschraube, um jede seiner Schnüre prüfen zu können.

Vorfächer: Für das Herstellen der Vorfächer werden 25 m Spulen mit Schnur in allen Durchmessern angeboten. Um sich im Falle eines Schnurbruchs vor Verlust der kompletten Montage zu schützen, bleibt das Vorfach immer eine Schnurstärke unter der Hauptschnur. Wenn die Fische sehr heikel sind, darf das Vorfach auch zwei Stärken schwächer sein, um mit der verfeinerten Montage vielleicht doch noch einen Biß zu provozieren. (Fallen die Bisse sehr spitz aus, sodaß die Anschläge ins Leere gehen, könnte es auch daran liegen, daß das Vorfach nicht zu dick, sondern zu kurz ist oder Haken und Köder zu groß sind).

Viele Spezialisten verzichten jedoch auf den Einsatz eines Vorfachs und binden den Haken direkt an das Ende der Hauptschnur. Diese Technik wird "durchbinden" genannt und bietet den Vorteil der größeren Stabilität, da die Montage ohne zusätzlichen Knoten auskommt und über die gesamte Schnurlänge die volle Tragkraft besitzt. Zudem ist ein Haken schneller gebunden

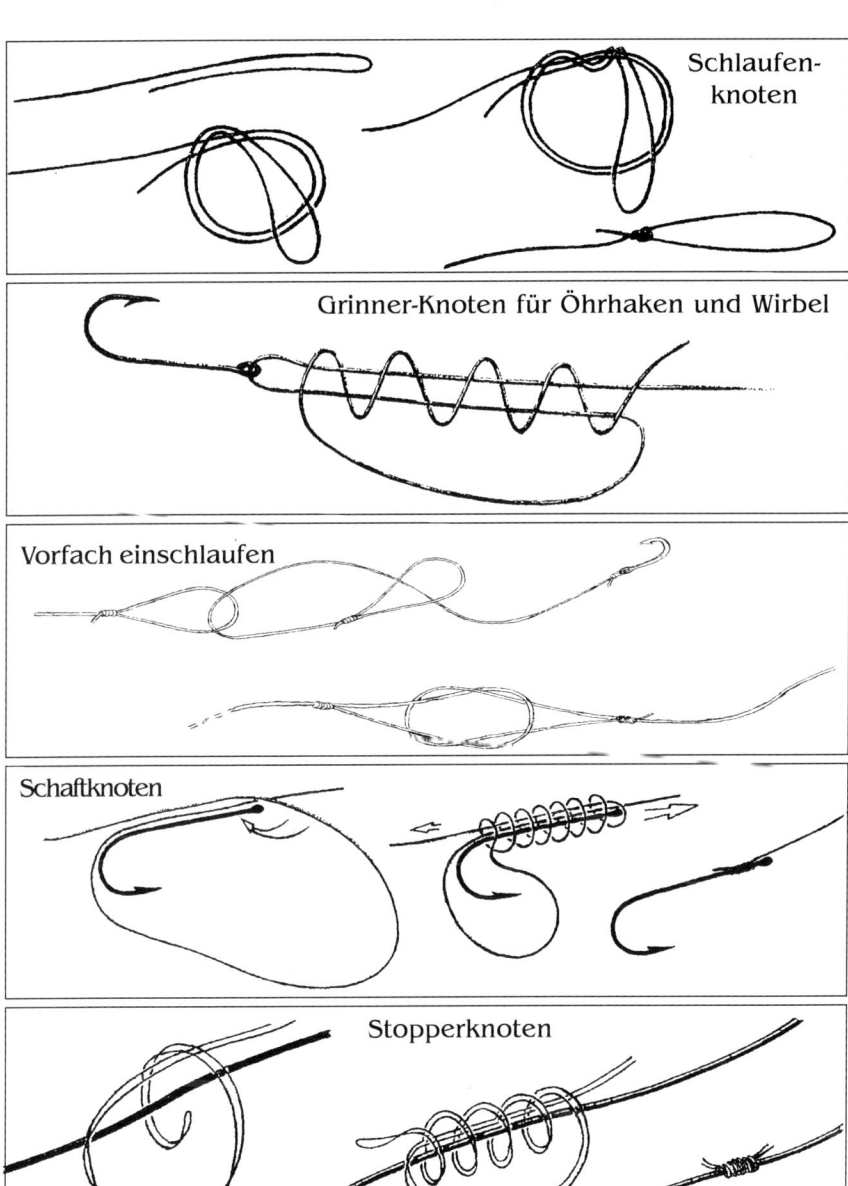

als ein ganzes Vorfach und die Schrote können bei Bedarf dichter an den Haken geschoben werden. Dafür verzichten sie auf den Vorteil, den der geringere Durchmesser eines Vorfachs bietet. Die Montage mit Vorfach trägt dagegen nur soviel wie ihr schwächstes Glied, also das Vorfach, und wird zusätzlich durch den Knoten, mit dem es angebunden ist, geschwächt.

Haken:
Haken werden in vielen verschiedenen Farben, Drahtstärken, Formen und Größen angeboten.
Wir dürfen wohl davon ausgehen, daß die Fische ihre Nahrung nur in klarem Wasser sehen können. Da die meisten Gewässer mehr oder weniger stark getrübt sind, werden die Fische fast immer darauf angewiesen sein, ihre Nahrung mit Hilfe des Geruchsorgans zu finden. Sie mögen zwar vielleicht sehen, daß Nahrungspartikel im Wasser schwimmen. Aber es ist zweifelhaft, ob sie in der Lage sind zu beurteilen, ob in einem Maiskorn ein roter oder ein blauer Haken steckt. Wenn der Köder sie mißtrauisch macht, dann sicher nicht durch die Farbe, sondern eher mit unnatürlichem Gewicht, das ihn schneller sinken läßt als andere frei eingeworfene Futterpartikel, bzw. mit unnatürlicher Bewegung des in der Strömung abtreibenden Köders, die durch unnatürlich hohes Gewicht und ein zu steifes Vorfach entsteht.
Daraus folgt, daß die Farbe des Hakens nicht von erfolgbestimmender Bedeutung sein dürfte, wobei nicht ganz auszuschließen ist, daß gold oder silbern glänzende Haken auch einen gewissen Reizeffekt ausüben könnten!
Da das Gewicht eine wesentlichere Rolle zu spielen scheint und beim Posenfischen häufig kleine, leichte Köder eingesetzt werden, sollte der Haken möglichst leichtgewichtig, also aus feinem Draht gefertigt sein. Starkdrähtige Haken sind allerdings ein Muß, wenn stärkere Fische in der Nähe von Hindernissen wie Seerosen oder abgesunkenen Bäumen beangelt werden.
Um nicht zu brechen, ist besonders bei kleinen Haken eine gewisse Elastizität erforderlich. Kohlenstoff macht die modernen Carbonhaken hart und sichert die Schärfe der chemisch geschärften Spitzen. Ein zu hoher Anteil verringert jedoch mit zunehmender Härte die Elastizität und läßt die feinen Spitzen brechen. Beim Kauf sollten wir also die Haken auf ein notwendiges Maß an Elastizität überprüfen.
Bei den Formen fallen Haken mit Spitzbogen und Haken mit Rundbogen ins Auge. Fachleute sagen uns, daß tierische Köder wie Made und Wurm am besten auf dem Spitzbogen, dagegen pflanzliche Köder wie Mais am sichersten auf dem Rundbogen halten. Nach meiner eigenen Erfahrung hält der

Rundbogen einen gehakten Fisch besonders sicher, da er die gefaßte Lippe tief umschließt. Zudem besitzt der Rundbogenhaken einen günstigeren Zugwinkel und weist damit die höhere Belastbarkeit auf.
Betrachten wir die Hakenspitzen: Die nach außen gebogene Form des „Greifers" soll das Eindringen erleichtern. Vielleicht tut er das - meine Erfahrungen beweisen allerdings, daß er ebenso leicht wieder herausfällt. Und zwar bedauerlicherweise, bevor der Fisch im Kescher liegt!
Eine gerade Spitze ist so langweilig, daß man kaum glauben mag, sie hätte lobenswerte Eigenschaften. Hat sie aber! Sie greift sehr sicher und hält den Fisch recht zuverlässig. Im übrigen sind Haken mit gerader Spitze und längerem Schaft wohl die von Wettanglern am häufigsten verwendete Form!
Nach innen gebogene Spitzen erscheinen auf den ersten Blick, als wären sie eigens von Tierschützern erfunden worden, um den Fischfang zu verhindern. Trotz „bißabweisender" Spitze greifen diese Haken jedoch sehr gut, denn bei näherer Überprüfung zeigt sich, die Spitze liegt genau in Zugrichtung der Schnur. Und sie halten die Beute zuverlässig - ein gehakter Fisch hat kaum eine Chance, sich vorzeitig von ihm zu befreien. Ihr größter Vorteil: die einwärts gebogene Spitze verhindert, daß sie bei treibender Pose an Bodenhindernissen wie Steinen oder Pflanzenstengeln hängenbleiben.
Eine sehr raffinierte Erfindung sind die verschränkten Haken, deren Spitze seitwärts aus der Ebene ragt. Diese Haken besitzen damit den Vorteil, bei Zug nicht nur in einer, sondern in zwei verschiedenen Ebenen zu greifen. Somit sind sie doppelt so effektiv wie die ungeschränkten Muster!
Die Länge des Hakenschenkels kann sehr variieren. Kleinste langschenklige Haken werden von einigen Wettanglern für Zuckmückenlarven eingesetzt. In der Regel werden heute allerdings für alle Köder Haken mit kurzen bis mittellangen Schenkeln verwandet, deren größere Beweglichkeit sie besser in das Fischmaul eindringen läßt.
Keine Wahl ist uns bei kleineren Haken mit der Frage überlassen, ob Öse oder Plättchen zum Anbinden der Schnur. Hakengrößen, die sich für das Posenfischen eignen, sind, soweit mir bekannt, alle mit Plättchen ausgestattet, was uns dazu zwingt, den komplizierten Schaftknoten zu lernen oder einen Hakenbinder (elektrisch oder manuell) zu verwenden. Als Vorteil bietet das Prinzip des Plättchenbindens durch besseres Anliegen der Schnur eine etwas günstigere Köderpräsentation - sicher der Grund dafür, daß alle kleinen Hakenformen damit ausgestattet sind!
Die letzte Überlegung zur Form betrifft den Widerhaken - ein Punkt, der zu tiefsten philosophischen Betrachtungen Anlaß gibt! Ein großer Widerhaken

hält den Fisch zuverlässig und führt ihn sicher zum Netz, wobei er den Fisch allerdings in unnötiger Weise verletzt.

Andererseits dringt die Spitze mit kleinerem Widerhaken leichter ein und wenn wir für ausreichende Schnurspannung während des Drills sorgen, wird der Fisch kaum entkommen. Moderne Haken besitzen deshalb häufig nur noch einen „Micro Barb", also ein winziges Widerhäkchen, das leicht eindringt und den Fisch kaum verletzt. So gestatten diese Muster, den Fisch unverletzt zurückzusetzen.

Viele Angler sind inzwischen dazu übergegangen, den Widerhaken mit einer feinen Spitzzange anzudrücken, wenn ihr bevorzugtes Hakenmuster nicht in Micro Barb-Ausstattung angeboten wird. Der Grund dafür ist, daß eine wachsende Zahl von Anglern nicht mehr für den Kochtopf fischt. Sie nehmen, wenn überhaupt, nur einen besonders schönen Fisch für die Küche mit nach Hause und lassen alle anderen frei.

Diese Haltung schützt den Fischbestand unserer Gewässer und ist ökologisch zutiefst sinnvoll, wie die Erfolge mit dieser Praxis des „Catch and Release" in vielen anderen Ländern beweisen, wo das Angeln eine wesentlich größere Bedeutung besitzt und die Leute daher einiges mehr davon verstehen. Es kann wirklich nur deutschen Politikern einfallen, die Fische schützen zu wollen, indem man sie umbringt! Allerdings - um die Fische zurücksetzen zu können, dürfen sie beim Fang nicht verletzt werden!

Die Hakengröße richtet sich nach der Größe des Köders und der Größe des Fisches, den wir beangeln, aber auch nach dem Beißverhalten. Sind die Fische besonders heikel, wie es bei bestimmten Wetterlagen oder auch bei Beunruhigung (vielleicht durch unser Getrampel?!) vorkommt, kann ein kleinerer Haken helfen, die Bereitschaft zum Beißen zu verstärken.

Der Haken muß insgesamt in Größe und Stärke seiner Aufgabe angemessen sein und zur Schnurstärke passen. Ein Haken der Größe 20 biegt bei einem Zug von maximal 1.5 kg auf. Eine 0.16er Schnur besitzt eine Tragkraft von 2.5 kg. Es ist also nicht sinnvoll, einen Haken der Größe 20 an einer 0.16er Schnur einzusetzen - passend wäre eher eine 0.10er oder 0.12er Schnur.

Da wir beim Posenfischen überwiegend feine Schnüre und kleine Köder verwenden, sind die Haken entsprechend klein. Wir werden uns an die Größen 14, 16 und 18 als Standard zu gewöhnen haben und sollten uns gelegentlich das Vergnügen machen, einen 20er oder 22er anzuknüpfen (den Engländern sind nicht einmal 24er und selbst 26er zu mühsam!). Da diese Winzlinge in deutschen Fachgeschäften kaum erhältlich sind, werden wir sie anläßlich einer Urlaubsreise aus Italien oder England importieren müssen.

Blei: Torpillen und Schrot

Um die Tragkraft der Posen auszugleichen, brauchen wir Gewicht auf der Schnur. Perfekt ausgebleit ist sie so sensibel, daß sie jede „Feindberührung" mit unmißverständlichen Bewegungen signalisiert. Darüberhinaus bietet das Gewicht die nötige Wurfweite und das Absinken des Köders in die von uns festgelegte Tiefe. Und es macht den Biß an der Pose erst sichtbar!
Auch wenn sich eine riesige Palette von Bleiformen bietet - der Posenspezialist begnügt sich mit drei Arten aus dem breiten Angebot: Torpillen, Spaltschrot und eventuell Styl-Stabblei in möglichst allen angebotenen Größen.
Torpillen eignen sich dank ihres tiefliegenden Schwerpunktes für einen gleichmäßigen Lauf in der Strömung. Spaltschrot mit seiner Kugelform hat sich als Universalblei des Posenfischers durchgesetzt, da es ebenfalls eine hohe Laufstabilität aufweist. Stylbleie ermöglichen im Stillwasser eine sensiblere Präsentation, da sie sich wegen ihres geringeren Sinkwiderstandes mit weniger Widerstand vom Fisch nach unten ziehen lassen.
Torpillen werden in zwei Sorten angeboten: in schlanker Form mit feinster Bohrung ohne Siliconschlauch und in einer etwas kompakteren Form, zum Schutz der Schnur auf Siliconschlauch gezogen. Wichtig ist bei beiden Sorten, daß die Bohrung für die Schnur präzise in der Mitte sitzt, damit während der Posendrift keine Pendelkräfte auftreten, die die Bebleiung schaukeln lassen und den Köder damit in unnatürliche Bewegung versetzen.
Die schlankere Form ohne Schlauch ist mit einer Mikrobohrung versehen. Zum Schutz der Bohrung sitzen alle Torpillen auf einem Draht, der vor dem Einsatz entfernt wird. Um das daruntersitzende Schrot zu schützen, wird ein Stück Posengummi von 3 mm unter der Torpille als Stoßdämpfer auf die Schnur gefädelt. Bei Stippern ist diese Form beliebt, da sie das höchstmögliche Gewicht in Beziehung zu ihrer Größe besitzt. Die Sorte mit Schlauch dagegen bringt bei gleicher Größe weniger Gewicht, da die Bohrung für den Schlauch größer ist. Diese Form ist bei den Anglern mit Rolle beliebt, da der Schlauch die Schnur bei weiten Würfen vor Beschädigung schützt.
Von dem Spaltschrot erwarten wir eine hohe Fertigungsqualität. Damit die einzelnen Schrote nicht gegenläufig pendeln, müssen sie exakt kugelrund gearbeitet sein. Aus dem gleichen Grund ist es wichtig, daß sie mit größter Präzision mittig gespalten sind. Die Innenflächen müssen einen polierten Glanz aufweisen - zeigen sie rauhe Stellen, werden sie unsere Schnur zerstören, sobald wir sie auf der Montage verschieben! Es kann nicht schaden, sich für die Wahl seiner Schrotmarke eine Uhrmacherlupe zu leihen und die

verschiedenen Produkte in der Vergrößerung zu prüfen. Hier zeigen sich Unsauberkeiten der Form, Grate an den Spaltkanten, die die Schnur sofort bei der ersten Belastung reißen lassen und unebene Spaltflächen, die den gleichen Effekt bewirken.

Auch auf die Gefahr, damit gegen den Rest der Fachwelt und gegen Windmühlenflügel anzukämpfen - Weichschrot ist Unsinn! Um es auf der Schnur festzuklemmen, muß man es andrücken und wenn man drückt, verformt es sich. Und wenn es sich verformt, läuft es nicht mehr rund im Wasser und läßt den Köder taumeln. Eine simple Frage der Physik! Abgesehen von ihrer unsauberen Verarbeitung mit Graten an den Kanten kommt dazu, daß sich *alle* am Markt erhältlichen Weichbleischrote als äußerst ungenau erwiesen haben - kein einziges Gewicht stimmte mit den Angaben überein!

Alle Schrote einer Größe sollten gleich groß sein und entsprechend das gleiche Gewicht besitzen, um uns am Wasser die Zusammenstellung der richtigen Bleimenge für die gewählte Pose zu erleichtern.

Für uns Mitteleuropäer ist das englische Schrotsystem ungewohnt und es wäre empfehlenswert, beim Auswiegen aller Sticks und Waggler das tatsächliche Gewicht ihrer Tragkraft zu notieren. Ebenso sollte auch auf englischen Schroten das Gewicht mit Hilfe aufgeklebter Etiketten vermerkt werden. Bei den qualitativ hochwertigen und sehr empfehlenswerten italienischen Schroten der Firma B & M (Vertrieb Grebenstein) ist dies allerdings nicht nötig - für jede Größe ist sehr genau das Gewicht angegeben!

Wenn Zweifel bezüglich der Korrektheit der Gewichtsangaben bestehen, bitten wir unseren Apotheker, uns die einzelnen Größen auf seiner Präzisionswaage wiegen zu lassen. Wenn wir ein gutes Schrot wie B & M verwenden und bei der Sorte bleiben, dürfte jedes neue Sortiment den einmal ermittelten Werten entsprechen, sodaß einmaliges Wiegen ausreichend ist. Unter der Lupe bemerken wir, daß manche Fabrikate einen V-förmigen Spalt, andere einen in U-Form aufweisen. Die gesägten U-Spalte sind von Vorteil, da sie beim Andrücken weniger dazu neigen, die Schnur zu quetschen!

Die Stylbleie erfordern für ihre Verwendung unbedingt eine Zange mit breitem Maul, die ebenfalls vom Hersteller der Stylbleie angeboten wird. Nur diese Styl-Spezialzange ist in der Lage, die Stabbleie gleichmäßig über die volle Breite anzudrücken. Ich selbst verwende diese Bleiform nicht - die geringen Vorteile, die sie dem Spezialisten bieten mag, rechtfertigen meiner Meinung nach nicht, sich als Freizeitstipper mit zusätzlichem Gewicht und schwieriger Handhabung zu plagen. Eine brauchbare Alternative besteht ja immerhin darin, statt Styl je drei kleine Spaltschrote zu gruppieren.

Plattform, Roller, Schwanenhals, Werkzeug, Posenbefestiger, Stopper, Vorfach- und Montagewickler, Line Sink, Line Float, Leuchtis, Posenwaage

Spezielles Zubehör

Vieles von dem Spezialzubehör ist bereits erwähnt worden. Hier noch einmal eine etwas systematischere Zusammenstellung:
- Ein Sortiment größere *Posengummis* für die Stickposen und dünne *Siliconschläuche*, die in längeren Enden geliefert werden, für die feinen Kiele der Wettkampfposen. Für jeden Schwimmer schneidet man zwei 10 mm Stücke ab, fädelt sie auf die Schnur und schiebt sie nacheinander auf den Kiel - eins nach oben bis unter den Posenkörper, das andere steckt so auf dem unteren Ende, daß es den Kiel um etwa 2 bis 3 mm überragt.
- *Minikarabiner* der Größe 20 werden nur in Verbindung mit einem Wirbel geliefert, den wir nicht brauchen und ihn daher abschneiden. Der Karabiner dient als Verbinder für die Waggler zur Befestigung an der Schnur. Alternativ können auch *Miniconnectors* benutzt werden, die es allerdings nicht in allen Fachgeschäften gibt. Connectors sind ebenfalls eine Art von Karabi-

ner, die sich durch ein kleines Schiebeelement beidseitig öffnen lassen. Beide Arten sind für die Befestigung von Wagglern besser geeignet als das speziell dafür vorgesehene Zubehör! Sie schützen die Schwimmer zuverlässig vor Verlust und erlauben einen sehr schnellen Wechsel der Posen - z.B. wenn aufkommender Wind ein Modell mit feiner Antenne erfordert.

Sie geben dem Waggler mehr Bewegungsfreiheit an der Schnur, was beim Anhieb besonders positiv ist - eine steife Verbindung wie bei anderen Befestigern behindert den freien Durchgang des Anschlags zum Fisch. Wird der Waggler als Laufpose benutzt, bieten sie ihm den Spielraum, um beim Aufsteigen frei nach unten hängen zu können und sie erleichtern - auch durch ihre gute Gleitfähigkeit - den ungehinderten Aufstieg, während eine steife Verbindung sie zwingt, querliegend aufzusteigen, bzw. einen scharfen Knick in der Schnur zu verursachen, der das Aufsteigen bei ungünstigen Verhältnissen sogar verhindern kann! Und die Aufhängung mit Karabiner verhindert besser als andere Befestiger, daß sich die Schrote, mit denen der Waggler festgesetzt wird, bei den Würfen verschieben - bei allen konventionellen Befestigern ein chronisches Problem!

- Eine Rolle stärkeres *Nähgarn* aus Kunstfaser dient zum Binden von Stopperknoten. Zum Garn gehören kleine *Glasperlen*, die verhindern, daß eine Laufpose über den Stopperknoten läuft. Im Handel sind auch *Siliconstopper* und fertig gebundene *Fadenstopper* in verschiedenen Stärken erhältlich.

- *Stopper* werden über dem Vorfach gebraucht, um zu verhindern, daß ein kleines Seitenblei zum Haken durchrutscht - z.B. bei der Float-Leger-Methode mit aufliegendem Blei. Die üblichen Leger Stops dürfen auf keinen Fall benutzt werden - sie quetschen die Schnur und lassen sie bei stärkerer Belastung reißen. Ideal ist ein Siliconschlauch mit etwa 1 mm Innendurchmesser und ein hölzerner Zahnstocher: 10 mm Schlauch abschneiden und auf die Schnur fädeln. Ein entsprechendes Stück Zahnstocher durch den Schlauch schieben, um ihn an der Schnur festzusetzen. Im Wasser quillt das Holz und der Stopper sitzt unverrückbar fest, ohne die Schnur zu schädigen!

In vielen Geschäften wird ein geeigneter Schlauch mit Plastikstiften mit der Bezeichnung „*Mehrzweckstopper*" angeboten - ideal für unsere Zwecke, wenn wir die Stifte gegen Zahnstocher austauschen, da sie auf unseren feinen Schnüren nicht halten. Ventilgummistücke, wie häufig als Stopper empfohlen, halten nur auf stärkeren Schnüren - auf unseren dünnen, superglatten Hochleistungsschnüren rutschen sie durch!

- *Betalights* sind kleine Dauerleuchtkörper, die beim Nachtangeln die Pose beleuchten und jahrelang benutzbar bleiben. Sie kosten deutlich mehr als

Miniknicklichter für die einmalige Benutzung, die wir alternativ einsetzen können, wenn wir nicht so häufig im Dunkeln fischen. Wir stecken sie mit einem 3 cm langen Stück Stopperschlauch auf die Posenantenne und entfernen etwa 0.5 g Blei von der Montage, um die Pose nicht absinken zu lassen. Betalights machen die Pose auf mindestens 10 m Entfernung erkennbar.

- Eine kleine *Spitzzange* erlaubt uns, die Widerhaken unseres Hakensortiments anzudrücken - eine Arbeit, die zu Hause durchgeführt ungefähr der Länge eines Wildwestfilms entspricht (die kurze ARD/ZDF-Version ohne Werbepausen!). Wir erleichtern uns die Arbeit, wenn wir dabei die Lupe benutzen, mit der wir auch das Bleischrot kontrollieren und verhindern damit, die feinen Spitzen der winzigen Haken zu beschädigen!

- *Vorfachwickler* ermöglichen uns, am Wasser aus einem Bestand an vorgefertigten Vorfächern zu schöpfen und ersparen uns mühsames Knüpfen am Wasser mit möglicherweise kalten und nassen Fingern. Verschiedene Hakenmuster und Größen an unterschiedlichen Schnurstärken erlauben uns die richtige Wahl für jede Situation. Es kann nicht schaden, an jedem Vorfach die Schnurstärke und die Hakengröße zu vermerken!

- *Montagewickler* sind für den Stipper eine wahre Offenbarung. Mit Hilfe dieser genialen Brettchen verfügt er am Wasser über ein beliebig erweiterbares Sortiment an fertigen Montagen, die er in Ruhe zu Hause unter optimalen Arbeitsbedingungen - z.B. im Winter - hergestellt hat.

Die Wahl der richtigen Wickler ist entscheidend für die schonende Aufbewahrung der Montagen. Ein Wickler muß lang genug sein - aus naheliegenden Gründen darf keine Pose den Wickler überragen. Er sollte breit genug sein, damit seine Seitenbegrenzungen nicht in den Posenkörper schneiden. Er sollte tief genug sein, um dem Schwimmer ausreichenden Schutz vor Quetschung zu bieten. Verschiedene Farben der Wickler können dazu dienen, dem Sortiment eine gewisse Ordnung zu verleihen - z.B. grün für Stillwasserrigs und rot für Strömungsmontagen usw. Hilfreich ist, die Wickler zu beschriften: Posenmodell, Tragkraft, Schnurstärke, Schnurlänge, Art der Bebleiung (z.B. 2 g Olivette / 8 x Schrot No. 6).

Fertigung der Montagen: Zunächst die Entscheidung für die Stärke der Schnur und ihre Länge: Zum Fischen mit verkürzter Schnur ist ein Abstand von 1 m bis 1.5 m zwischen Rutenspitze und Pose ideal - es kommt also auf die Tiefe der Gewässer an, die überwiegend befischt werden. Z.B. für leichte Posen von 0.3 bis 2 g eine 0.10er Schnur von 4 bis 5 m Länge. Für Posen ab 2.5 g eine Schnur mit 5 bis 6 m Länge und 0.12 bis 0.14 mm Stärke. Posen ab 6 g für schweres Angeln auf 0.14er bis 0.16er Schnur von 6 m Länge.

Wichtig ist, daß die Länge der Montage mit Vorfach annähernd mit dem Ende eines Rutensegments übereinstimmt, um den Fisch keschern und versorgen zu können. Dieses Segment darf für die Anfangszeit mit einem Streifen Klebeband markiert werden, um sich das Abstecken in der richtigen Länge zu erleichtern - nach einiger Zeit ist dies natürlich nicht mehr nötig!
An beide Enden der Schnur eine Schlaufe knüpfen und die Montage aufwickeln, nachdem sie mit ausreichend Blei komplettiert wurde: die obere Schlaufe in den Dorn des Wicklers hängen - die untere wird mit einem speziellen Mini-Gummizug gespannt (sieht aus wie ein sehr langgeratener Anker). Das Öhr des Gummizuges wird über einen der Dorne gehängt.
In die untere Schlaufe fädeln wir erst am Wasser je nach Köder das passende Vorfach ein - z.B. ein Pinkie = Haken Gr. 22, eine Made = Gr. 20 oder ein kleines Maiskorn = Gr. 16. Stellt sich heraus, daß die Wassertiefe die Schnurlänge nicht übersteigt und noch 1 m Spielraum zur Rutenspitze bleibt, hängen wir die obere Schlaufe direkt an den Gummizug. Wird die Schnur zur Rutenspitze kürzer als 1 m, schlaufen wir eine Verlängerungsschnur von ca. 1 m Länge in die Hauptschnur ein, die dann am Gummizug befestigt wird.
Um eine verkürzte Rute von z.B. 9 m Länge mit langer Schnur fischen zu können, wird eine entsprechemde Verlängerungsschnur in die Hauptschnur geschlauft, die die Gesamtlänge der Montage auf die Rutenlänge bringt.
- Die *Stonfo-Schrotzange* ist ein perfektes Instrument, um überzählige Schrote von der Schnur zu entfernen - z.B. wenn von einer leichten Made zu einem schweren Köder gewechselt oder in der Dämmerung ein Betalight aufgesteckt wird oder auch, wenn wir die Montage unterbleit fischen wollen, um das Blei auf Grund nachschleifen zu lassen.
- Ein breiter *Rutenroller* mit zwei Spießen etwa 5 m hinter der Sitzkiepe eingesteckt, dient dem Stipper beim Zurückschieben und Abstecken der Rute zu ihrem Schutz - auch ohne sich umzuwenden. Daher günstiger als die V-Roller - zumal im Drill der Rutenwinkel noch leicht verändert werden kann.
- Eine *Schwanenhalsgabel* aus beschichtetem Federstahl als Erdspieß neben uns eingesteckt, dient zum Einklemmen des abgesteckten Rutenteils der Stippe und verhindert, daß es nach vorne ins Wasser rutscht oder durch das Gewicht des dicken Handteils nach oben schlägt und dann im Sitzen nicht mehr erreichbar ist.
- Eine *Plattform* mit verstellbaren Beinen ist für den Stipper unverzichtbar: sie ermöglicht ihm eine bequeme Sitzhaltung, ohne die er nicht stundenlang die schwere Rute halten kann und bringt ihn, da sie auch im flachen Uferwasser aufgebaut werden kann, den Fischen ein entscheidendes Stück näher!

Zum Abschluß

Ich habe in diesem Buch über das Posenfischen (drittes und vorläufig letztes Buch in der Serie) einige grundlegende Themen ausgespart, da sie bereits in dem ersten Buch "Von den Bergen bis zur See" sehr gründlich behandelt wurden und ich nicht die Leser langweilen wollte, die beide Bücher besitzen.

"Von den Bergen bis zur See" als Einführung in die modernen Angelmethoden möchte ich im übrigen auch den Fortgeschritteneren von Euch empfehlen, da es weit über einfaches Basiswissen hinausgeht und Euch einen kleinen, aber gründlichen Überblick über die anderen Methoden verschafft - z.B. auch das Fischen mit dem Feeder.

Die Themen Geräte und Köder habe ich besonders ausführlich dargestellt, da dies gerade beim Posenfischen von größter Wichtigkeit ist - es gibt viele Angler, die damit noch nicht so vertraut sind und die sich auf diesen Gebieten noch gründlicher informieren wollen.

Die Profis unter Euch werden dagegen sicher dankbar sein, nicht gleich auf den ersten Seiten mit endloser Gerätetheorie bombardiert zu werden, die Euch seit Jahren bekannt ist.

Wenn Ihr das Buch aufschlagt, sollte Euch der Geruch von Wasser und lebendigem Fisch in die Nase steigen und es sollte Euch der Reiz prickeln, dieses kleine Zauberding "Pose" so schnell wie möglich auf dem Wasser schwimmen zu sehen.

Posenfischen ist das umfangreichste und sicher auch anspruchsvollste aller anglerischen Teilgebiete und ich wünsche mir, daß es gelungen ist, den Zugang zu diesem reizvollen Thema ein wenig zu erleichtern mit dieser, wie ich hoffe, nützlichen Übersicht über die drei führenden Methoden.

Das Kernthema, die grundlegende Logik hinter den Posen deutlich zu machen, war mein Hauptanliegen. Dieses Wissen erleichtert jedem Angler das Verständnis für jede einzelne Posenform und erspart ihm natürlich auch, jedesmal ein Kilo überflüssiges Holz an das Wasser zu schleppen.

Ich hoffe, daß Ihr diesen Hauptumstand würdigt und gefälligst in tiefer Dankbarkeit an mich denkt, wenn Ihr Eure Kiepe das nächste Mal kilometerweit zum Angelplatz schleppt!!

Es hat sich hoffentlich auch gezeigt, daß das Posenangeln gar nicht so kompliziert und umständlich ist wie häufig behauptet - aber dafür noch viel, viel schöner! Petri Heil!

Das vorliegende Buch ist in einer Serie erschienen
mit den folgenden Büchern von
Vincent Kluwe-Yorck

Von den Bergen bis zur See
Das Handbuch für den Süßwasserangler
Verkaufspreis: 29,90 DM

Eine vollständige und umfassende Einführung für den Neuangler.
Das Buch stellt systematisch und ausführlich die typischen Angelgewässer
von den Bergen mit ihren Forellen bis zur Mündung der Flüsse dar
und zeigt, welche Fische dort leben und wo der Angler sie findet.
Es zeigt die aktuellen, modernen Angelgeräte des Süßwasseranglers
von der Fliegenrute bis zu schweren Karpfen- und Hechtruten
und stellt die wichtigsten Angelmethoden in ihren Grundzügen dar.
Alle Angelfische sind in Zeichnungen dargestellt
und sorgfältig beschrieben.
Dabei wurde großer Wert gelegt auf die Verdeutlichung der äußerlich
erkennbaren Merkmale, um dem Angler die sichere Unterscheidung
und Einordnung der Fische nach dem Fang zu ermöglichen.
Über 100 Farbabbildungen!

Fische Fangen:
Mit dem Bodenblei
Verkaufspreis: 29,90 DM

In diesem Buch werden die modernsten Techniken
des Fischens mit dem Bodenblei vorgestellt:
Fischen mit Schwingspitze und Winklepicker,
dem Quiver und der Feederrute.
Dazu alle anderen erfolgreichen Techniken des Grundangelns.
Übersicht der Montagen und der verschiedenen Futterkörbchen
und wie sie eingesetzt werden.
Die verschiedenen Methoden und Futtertaktiken
in ausführlichster Beschreibung.

Verlag MW, Kaiserswerther Str. 2, 14195 Berlin, Telefon 030-831 19 72

Außerdem empfehlen wir die weiteren Bücher von Vincent Kluwe-Yorck

Karpfen
Englische Methoden in Deutschen Gewässern
Verkaufspreis: 49,- DM

Ein Buch über die modernsten Techniken des Karpfenangelns.
Es präsentiert mit einer Fülle von Tips und Anregungen
die Erfolgstechniken der berühmtesten Karpfenangler Englands
und überträgt sie auf deutsche Gewässerverhältnisse.
In erster Linie zwar für den Karpfenspezialisten, ist es dennoch so
lebendig und spannend geschrieben, daß es auch für den Anfänger
ohne weitreichende Vorkenntnisse verständlich und lohnenswert ist!

fishing english - englisch fischen
Verkaufpreis: 19,80 DM

Dieses bekannte Standardlehrbuch als Überblick über die Grundlagen
der englischen Angelmethoden ist bereits im Jahr 1988 erschienen
und die Entwicklung ist seither nicht stehengeblieben.
Dennoch empfiehlt es sich auch heute noch als Einführung - nicht zuletzt
wegen der lockeren und amüsanten Schreibweise!

Das folgende für 1995 angekündigte Buch erscheint vorläufig nicht!

Waller
Dem Giganten auf der Spur
Verkaufspreis: 49,- DM

Aus wirtschaftlichen Erwägungen mußten die 3 Bücher
der Serie über die allgemeinen Angelmethoden vorgezogen werden.
Zur Zeit steht noch nicht fest, ob und wann das Wallerbuch
produziert werden kann!

Verlag MW, Kaiserswerther Str. 2, 14195 Berlin, Telefon 030-831 19 72

Grebenstein

Postfach 30 · D-31178 Giesen

Futter
Angelgeräte
Zubehör
Lebendköder